기독교문서선교회(Christian Literature Center: 약칭 CLC)는 1941년 영국 콜체스터에서 켄 아담스에 의해 시작되었으며 국제 본부는 미국 필라델피아에 있습니다. 국제 CLC는 59개 나라에서 180개의 본부를 두고, 약 650여 명의 선교사들이 이동 도서차량 40대를 이용하여 문서 보급에 힘쓰고 있으며 이메일 주문을 통해 130여 국으로 책을 공급하고 있습니다. 한국 CLC는 청교도적 복음주의 신학과 신앙 서적을 출판하는 문서선교기관으로서, 한 영혼이라도 구원되길 소망하면서 주님이 오시는 그날까지 최선을 다할 것입니다.

추천사 1

전 형 준 박사
백석대학교 교수, 성경적상담학회 회장

   사랑하는 천정구 목사님의 처녀작인 『함께 떠나는 자존감 여행』을 추천하게 되어 매우 기쁘고 감사하다. 추천자는 총신대학교 신학대학원을 졸업 후 미국 유학을 떠나 캘리포니아주 엘센트로한인교회 담임목사로 시무하는 저자를 미국의 에드워즈대학교 박사 과정에서 만났다. 교수와 박사 과정 학생의 관계로 처음 만났으나 저자는 신실한 목회자로, 목회 상담자로 쉽게 친밀한 동역자 관계로 발전하였다.

   저자가 추천자를 엘센트로한인교회의 주일 예배 설교자로 초청하여 첫 대면을 하였을 때, 서로는 너무나 대화가 잘 통하는 위로의 사역자를 만난 반가움에 다음날 주일 예배의 스케줄도 잊은 채, 밤새 대화를 나누고 싶어하였다.

   인간이 건강한 자존감을 가진다는 것은 한 평생을 건강하게 살아가는 데 매우 중요한 것이다. 죄인 된 인간이 건강한 자존감을 가지게 되는 것은 성경적 인간관을 이해할 때 가능하다. 하나님의 형상대로 지음 받은 인간, 죄로 인하여 타락한 인간, 예수 그리스도의 십자가의 은총으로 죄사함과 구속함을 받은 인간, 말씀과 성령으로 날마다 성화되어 가는 인간, 그리스도를 믿음으로 영생을 얻고 천국 백성이 된 인간, 천국에서 상급과 면류관을 얻고 영원히 살게 될 인간, 이와 같은 성경적 인간관을 확신할 때, 건강한 자존감을 가지고 하나님이 부르신 소명감을 가지고 복음의 사명을 감당하며 살아 갈 수 있다.

그런데 금번에 저자가 이 책을 통해 자존감이란 무엇인지 정의하고 건강한 자존감이 열등감을 극복케 하고, 사회 공포증을 이겨 내며, 분노, 상실감, 우울증을 극복케 하는 원동력이 된다는 사실을 밝힌 것은 매우 뜻깊은 일이다. 특히, 이 책에서는 성경에 기록된 인물 가운데 한때 우울증을 앓았던 욥, 모세, 다윗, 엘리야, 예레미야, 요나, 사마리아 여인, 바울의 예를 제시하며 그들이 우울증을 극복해 나가는 과정을 성경적으로 분석하고 있다.

저자가 강조하는 이 책의 목적은 개혁신학에 바탕을 둔 성경적 상담학의 관점을 가지고 성경에 배치되지 않는 범주에서 심리학의 도움을 받아 "낮은 자존감에서의 탈출"을 통해 은혜의 자리로 업그레이드 할 수 있는 길을 제시하는 것이다.

무엇보다 이 책의 백미는 갑상선 암이라는 질병의 고통을 헤쳐 나가며 삶의 치열한 영적 전쟁 가운데 쓰여진 체험적 고백이라는 점에 있다. 예수께서 십자가의 고통을 통해 "상처입은 치유자"로서 고통하는 인간을 위로하시고 치유하셨던 것처럼, 저자는 고통과 싸워가며 극복해 가는 체험을 통해 오늘날 다양한 고통 가운데 번민하며 힘들어 하는 현대인들에게 건강한 자존감의 회복을 돕는다.

또한, 그를 통해 관계가 회복되고 하나님의 은혜를 맛보며 행복한 삶을 누리게 되기를 소망하고 있다는 것이다. 이 책은 여기에서 멈추지 않고 건강한 자존감 회복을 통해 행복한 부부 생활과 자존감을 높이는 자녀 교육의 방법을 제안하고 있다는 것이다.

독자들은 이 책을 읽는 가운데 성령의 역사하심으로 절망과 좌절, 무기력에서 벗어나 사랑과 축복과 감사의 마음을 회복하게 될 것이다. 낮은 자존감으로 고통 하는 시대 가운데 건강한 자존감을 회복하는 일이 오늘날 처럼 필요한 시대는 없었을 것이다.

성경적 자존감 회복의 길을 제시한 이 책을 통해 치유 받고 회복되어 미소 짓는 영혼들이 계속되길 기대한다. 그리하여 한 영혼의 회복을 통해 가정이 회복되고 한국 교회가 건강해 지는 거룩한 변화와 부흥의 물결이 확산되기를 간절히 소원한다.

Our Journey to Self-Esteem

한 성 열 박사
고려대학교 심리학부 명예교수, 미드웨스턴침례신학대학원 특훈교수

천정구 목사님이 문자 그대로 혼신의 힘을 기울여 저술한 책 『함께 떠나는 자존감 여행』의 추천서를 쓰게 되어 기쁘다. 제가 아는 천정구 목사님은 참 순수하시고 유머러스하시고 마음의 폭이 넓은 분이다. 추천인은 목사님과 함께 심리학 그리고 상담에 관해 공부했다. 처음 목사님과 이 주제를 공부할 때 '인본주의'의 본산인 심리학에 대해 보수 기독교계에서는 '사탄'으로까지 취급할 때였다. 그런 상황에서 필자가 기독교 믿음과 심리학 사이에 대화의 가교를 놓으려고 노력할 때 천 목사님은 큰 힘이 되었다. 그만큼 천 목사님은 앞서 가시는 순수한 분이다.

이 책의 머릿글에서부터 천 목사님의 이런 성품이 잘 나타난다. 그는 자신이 아버지의 장단점을 물려받아 "속은 따스하고 긍휼의 마음을 지녔지만 한편에서는 분노가 고속 열차처럼 불쑥 지나가고, 목회 사역과 가정 생활을 잘 하다가도 상처를 주는 경우가 종종 발생하였다. 심지어 아내는 농담반 진담반으로 '조울증 환자의 대명사'라고 표현하기도 했다. 상처가 많은 만큼 아내와 자녀들에게 많은 상처를 주었다"고 진솔하게 고백하고 있다. 책 머릿글에서 이런 고백을 한다는 것은 전 세계 사람들에게 자신의 치부를 드러내는 일이다. 어느 누가 책을 읽을지 모르기 때문이다. 책의 머릿글에 이런 고백을 할 수 있다는 것은 그만큼 삶이 힘들었다는 것인 동시에 현재는 그 고통을 극복했다는 고백이기도 할 것이다.

이 책은 자신의 이런 미성숙한 면을 솔직히 인정하고, 성숙해 가는 힘든 과정에 대한 솔직한 고백일 것이다. 그래서 이 책은 추상적이고 교훈 위주의 또 다른 '인생 교과서'가 아니라, 자기가 경험한 성숙의 단계를 손잡고 같이 가자고 초대하는 목회자로서의 애정이 담긴 책이 되었다.

자존감은 우리 삶의 가장 핵심적인 주춧돌이다. 이 주춧돌이 튼튼하게 자리를 잡고 있어야 그 위의 구조물들이 안전할 수 있다. 만약 이 주춧돌이 작거나 흔들리고 불안정하다면 그 위의 구조물이 아무리 화려하게 보여도 언젠가는 무너지고 말 것이다. 하지만 우리는 겉에 보이는 구조물의 외관을 치장하기 바빠서 정작 중요한 주춧돌을 잘 놓는 것에 대해서는 무관심한 삶을 살아간다. 그리고 자기가 아무리 노력해도 왜 기대했던 성과가 나오지 않는지 다양한 원인들을 찾아낸다.

자존감의 뿌리는 우리가 유일하게 하나님의 형상대로 지으심을 받은 고귀한 존재라는 것을 깨닫고 경험하는 것이다. 예수님이 이 땅에 오셔서 하실 일에 대해 이사야 선지자는 그를 "놀라운 상담자"(Wonderful Counselor)라고 소개해 주셨다. 예수님도 자신의 상담 사역을 "수고하고 무거운 짐진 자들아, 다 내게로 오라, 내가 너희를 쉬게 하리라"고 소개해 주고 계신다.

하나님은 수고하고 무거운 짐을 지고 살아가는 인간을 너무 사랑하셔서 그 수고하고 무거운 짐을 내려 놓고 쉬게 해 주실 수 있는 놀라운 상담자 예수님을 보내주셨다. 복음서를 보면 예수님을 만나 상담 받은 사람들의 공통점은 삭개오나 사마리아 여인처럼 "즐거워진다"는 것이다. 우리가 즐겨 부르는 찬송가의 가사처럼 "주 예수와 동행하니 그 어디나 하늘나라"인 것이다.

『함께 떠나는 자존감 여행』은 상담자 예수님의 말씀과 현대 상담 심리학이 잘 조화를 이루는 노작이다. 단순한 설교만이 아니라 상담자로서 오랫동안 고통을 받은 사람들을 상담한 실제적인 경험이 접목된 소중한 책이며 하나님이신 예수님과 인간이시고 상담자이신 예수님이 잘 조화되어 있는 책이다. 마지막으로 현실 속에서 심리적인 문제로 고통 받는 분들에게 현실적인 도움이 되는 귀한 책이라 생각된다.

암투병이라는 병고 가운데서도 낮은 자존심 때문에 심리적으로 고통 받는 사람들에게 도움을 주려고 애쓴 목사님의 마음을 읽을 수 있어 가슴이 뭉클하다. 이 책이 많은 성도에게 자존심이 회복되어 이 땅에서 즐거움을 누리고 살아가는 데 큰 도움이 되기를 바란다.

추천사 3

정부홍 박사
에드워즈대학교 총장

한국어 서점에 심리학 상담학 자기계발 같은 책들이 홍수를 이루고 있어 더 이상 다른 책이 필요 없어 보이는 때 이런 우려를 잠잠케 할 작품이 최근 하나 나왔는데, 바로 그 작품이 천정구 박사께서 쓴 『함께 떠나는 자존감 여행』이라고 감히 소개드리며 강력히 일독을 권해 드린다.

한 가지 이 책을 읽는 방법은, 저자와 함께 호흡을 가다듬으며 독자 자신도 함께 곁에서 산책하며 대화하는 듯한 느낌으로 읽어 보시기 바란다. 대부분 이런 분야의 책이 주로 현대 심리학에 근거하여 북미나 유럽 심리학자들의 분석 이론이나 심리 이론에 동의하며 설익은 열매들 맛인데도 억지로 인용하여 공감이 되지 않는 것 같은 느낌을 받아 읽고 싶지 않은 경우가 많다.

그러나 본 저자는 완전히 다른 방식으로 접근한다. 마치 헨리 나우엔의 『상처 입은 치유자』를 상기시켜 주는 듯하다. 저자의 솔직 담백한 자기 아픈 경험과 고백과 회복이 저술의 동기가 되었다. 이 책 전체에 저자 자신이 친히 겪으신 사건들과 일들, 아픔들, 고통들, 상처들, 실패들, 회복들, 승리들 그리고 전화위복들이 깔려 있으면서 또 저자가 직접 만나고 곁에 있었던 수많은 사람의 경험 그리고 학자들의 분석 이론과 성경적 실례들의 분석을 통해 통합적 실천적 실제적 치료법들을 제시한 것이 본서의 큰 가치요 특징이라 할 수 있겠다.

이제 남은 과제는 현명하신 독자들께서 직접 읽으시며 적용하신다면, 실제 우리의 삶에서 직면하며 당면한 문제들에 있어 실수들을 예측 예방할 수 있는 지혜들을 얻고, 또 그 다음 독자들과 연구자들께서 귀한 영감들을 얻어 자기들의 다음 연구에 상당한 기여를 할 수 있을 것이라고 믿어 추천드린다.

또한, 저자께서도 이 책을 통해 정리한 실험적 이론적 연구 결과들이 적용되어 한국인 그리스도인들이 더욱 발전적인 개인들 자신이 되시며, 또 가족과 이웃들에게 유익하고 행복한 성도들이 되시는 길로 인도하시는 상담 실천가요 연구자로서의 큰 성장과 보람이 있으시기 바란다.

Our Journey to Self-Esteem

추천사 4

송 길 원 목사
하이패밀리 대표, 청란교회 담임, 동서대학교 석좌교수

<인터러뱅의 치유와 회복앞에>
풀잎에도 상처가 있다
꽃잎에도 상처가 있다
너와 함께 걸었던 들길을 걸으면
들길에 앉아 저녁놀을 바라보면
상처 많은 풀잎들이 손을 흔든다
상처 많은 꽃잎들이
가장 향기롭다

― 정호승, 『풀잎에도 상처가 있다』

시(詩)를 읊조릴 때마다 나도 모르게 천정구 목사님을 떠올린다. 다들 감추고 산다. 척 척 척에 익숙해 있다. 그러나 천 목사님은 다르다. 너무 솔직해 민망할 정도다.

'당신은 조울증 환자의 대명사'란 소리를 듣는다. 그것도 가장 가까이 있는 사모님으로부터. 본인 속에 돌아가신 '아버지'가 펄펄 살아 있다는 것도 고백한다.

'성인 아이.'

그는 상처에 스스로를 가두지 않았다.

"Scars into Stars."

'지금의 아픔과 마음의 상처들은 앞으로 다가올 영광의 별이 된다.'

그의 삶의 좌우명이 된 말이다. 『함께 떠나는 자존감 여행』은 그래서 고백기다. 학자가 펴낸 이론서가 아니다. 자기를 극복하기 위해 몸부림치며 사투를 벌인 삶의 현장 체험기다.

브레넌 매닝(Brennan Manning)은 개신교와 천주교를 아우르는 인기 있는 영성 작가다. 그는 무능한 아버지와 유능한 어머니 아래서 둘째로 태어났다. 어머니는 아주 냉정한 분으로, 무능한 남편을 대신해 자녀들을 엄하게 키웠다. 브레넌은 어머니에게 따뜻한 사랑을 받아 본 기억이 없다.

여덟 살이 되었을 때다. 브레넌은 어머니와의 관계에 있어 결정적인 전환의 사건을 경험한다. 어머니의 지속적인 냉담함에 대해 대놓고 불평했다가 심하게 두들겨 맞는다. 할머니가 개입하지 않았더라면 어찌 되었을지 모를 정도로 심했다. 트라우마가 되었다. 그때 이후로 브레넌은 어머니에게 인정받기 위해 '착한 아이가 되겠다'고 작심한다. 브레넌은 이것을 '거래'라고 부른다. 브레넌의 회고다.

'착한 아이'가 되겠다고 나 자신과 한 거래 때문에 나는 성인기의 대부분을 자기 목소리도 내지 못하고, 경이로움도 느끼지도 못하며, 자기 존중감

> 도 없이 지내는 대가를 치러야 했다. (중략) 슬플 때는 기쁜 척했고, 실망했을 때는 흥분한 척했고, 심지어 속으로는 정말로 화가 났는데도 상냥한 척했다. 내 모습과 목소리는 그대로였지만, 나는 내가 아니었다. 나는 가짜였다. 나는 나 자기 사기꾼으로 살았다. 그러나 사기꾼으로 살면 해롭기만 할 뿐이다(『모든 것이 은혜다』, p. 61).

그 열등감이, 그 낮아진 자존감이 삶을 황폐하게 망가뜨린다. 우리는 모두 묻게 된다. "나는?" 그리고 답하게 된다. "나도!" 이 물음과 신음처럼 내뱉은 탄식의 감탄사가 인터러뱅(?-물음느낌표)의 축복을 안겨 준다.

다혈질, 폭력성, 알코올 중독, 성격 장애, 열등의식, 낮은 자존감 … 내 속에도 똬리를 틀고 있는 것들을 놓고 기도하면서 책을 읽어 내려갔다. 그리고 나는 고백한다.

"주님의 솜씨 전부 발휘하셔서 나를 다듬어 주소서. 완성된 내 모습 어떨지 몹시도 궁금합니다. 하나님, 주님의 백성을 너그럽게 보시고 꼬리에 꼬리를 무는 이 불행에서 벗어나게 하소서."-시 25:18~22 메시지.

이 책을 손에 붙잡는 모두가 '상처받은 피해자'(Wounded Victim)에서 '상처받은 치유자'(Wounded Healer)로 그리고 '치유받은 치유자'(Healed Healer)로 우뚝서게 될 것이다. 이 책이 그 길을 안내하는 나침반이 되어 주어 고맙다.

치유의 선교사로 우리 앞에 우뚝 선 천청구 박사에게 길고 긴 기립 박수를 보낸다. 이제 곧 귀국하게 될 천 목사님을 만나면 오랫동안 끌어안아 주고 싶다.

추천사 5

박 일 민 박사
칼빈신학교 신학대학원장, 조직신학 교수

현대 사회는 첨단 기술과 대중문화가 어느 때보다 큰 힘을 발휘하고 있다. 로봇과 AI가 사람을 대신하는 영역을 넓혀가고 있다. 인간성이 소외되고 주체성이 상실되기 좋은 환경이다. 그럴수록 사람은 심리적, 영적, 사회적 문제에 부딪히게 된다. 자존감의 상실도 그중 하나이다.

저자는 이 책에서 자존감을 약화하는 열등의식, 우울증, 불안장애, 부부 갈등 등을 분석하고, 상실된 자존감을 건강한 자존감, 회복된 자존감, 업그레이드된 자존감으로 나아가게 할 수 있는 치유책을 제시한다. 여기에는 저자 자신의 국내, 국외를 망라한 개인적인 인생 체험, 평범하지 않는 환경에서 살아가는 이민자를 상대로 한 목회 경험, 관련분야의 저술과 논문들에 대한 문헌 연구, 심리치료의 사례 조사가 두루 반영되었다.

이 책은 시대와 장소를 초월해 인간의 모든 심리 현상을 치료하는 최상의 양약인 성경의 기초 위에서 저술되었다. 따라서 일반 심리학이나 상담학적 연구와는 분석 방법이나 대안 제시에서 큰 차이를 보인다. 그러므로 이 책은 단순한 학문적 연구 성과 제시라기보다 목회 현장에서의 실제적

활용을 위한 자료로서의 가치가 있다.

저자가 그동안 땀 흘려 연구하여 이룬 결과가 자존감을 상실한 많은 사람의 자존감 회복에 그리고 자존감을 상실한 자들을 상대로 목회해야 할 많은 목회자의 목회에 큰 도움이 되기를 기대한다.

Our Journey to Self-Esteem

추천사 6

최 민 수 박사

미주장로회신학대학교 상담심리학과 교수

『함께 떠나는 자존감 여행』, 이 책은 낮은 자존감을 극복하기 위해 지금까지 분투했던 저자의 솔직한 인생 이야기가 담겨 있는 책으로서 독자들의 마음에 깊은 공감과 울림을 선사해 주고 있다. 저자의 바쁜 목회 여정 속에서도 옥고와 같은 소중한 책을 저술했다는 노력에 감탄을 마다하지 않을 수 없다.

자존감의 고취를 위해 저자가 던지는 메시지인, "자존감은 관점의 태도에 달려 있다"라는 문장이 이 책을 읽는 가운데 다시 한번 내 자신을 깊이 성찰하게 만든다. 그래서 나의 관점은 어디에 있는지 냉철하게 되짚어 본다. 저자의 직·간접적인 경험에서 우러나는 사례들과 여러 문헌 속에서 발견한 사례들을 실질적으로 제시함으로써 이 책은 누구든지 읽을 수 있는 유익을 누리게 한다. 게다가 성경적인 예화들을 창조적으로 연결시키는 저자의 탁월한 문학적 소양으로 성경에서 제시하는 자존감 극복의 열쇠를 발견할 수 있게 된다.

저자는 낮은 자존감을 극복하기 위해 신학적인 토대와 심리학적인 토대를 통합적인 관점에서 제시함으로써 이 책을 읽는 독자들이 낮은 자존감을 극복할 수 있는 균형감을 소유할 수 있다.

또한, 저자는 인본주의적인 입장과 성경적인 입장에서 우울증을 다루는 가운데 어느 한편에 치우지지 않는 객관적인 입장을 가질 수 있도록 돕고 있다. 특별히 우울증의 경우 저자가 나누는 솔직한 인생 이야기가 공감을 선사하면서 누구든지 자기 이야기를 내 놓을 수 있는 용기를 가지도록 만든다.

결론적으로 이 책은 하나님이 원하시는 숭고하고 가치있는 자존감을 향한 여정에서 어느 누구든지 안정되고 부담없이 동참할 수 있도록 손을 내밀고 있다. 저자와 함께 떠나는 여정은 후회없는 여정이고 보람있는 여정이며 풍성한 삶으로 한 단계 내딛는 여정이 될 것이다. 그러기에 이 책을 자신있게 추천한다.

Our Journey to Self-Esteem

함께 떠나는 자존감 여행

Our Journey to Self-Esteem
Written by Junggu Chun
All rights reserved.
Korean Edition Copyright ⓒ 2023 by Christian Literature Center, Seoul, Korea.

함께 떠나는 자존감 여행

2023년 6월 30일 초판 발행

지 은 이	천정구
편 집	도전욱
디 자 인	박성숙
펴 낸 곳	(사)기독교문서선교회
등 록	제16-25호(1980. 1. 18.)
주 소	서울특별시 동대문구 천호대로71길 39
전 화	02-586-8761~3(본사) 031-942-8761(영업부)
팩 스	02-523-0131(본사) 031-942-8763(영업부)
이 메 일	clckor@gmail.com
홈 페 이 지	www.clcbook.com
송 금 계 좌	기업은행 073-000308-04-020 (사)기독교문서선교회
일 련 번 호	2023-57

ISBN 978-89-341-2566-2(03230)

이 책의 출판권은 (사)기독교문서선교회가 소유합니다.
신저작권법에 의하여 한국 내에서 보호를 받는 저작물이므로 무단 전재와 무단 복제를 금합니다.

OUR JOURNEY TO SELF-ESTEEM

함께 떠나는
자존감 여행

천정구 지음

CLC

목차

추천사
- 전형준 박사 | 백석대학교 교수, 성경적상담학회 회장 … 1
- 한성열 박사 | 고려대학교 심리학부 명예교수 겸
  미드웨스턴침례신학대학원 특훈교수 … 4
- 정부홍 박사 | 에드워즈대학교 총장 … 7
- 송길원 목사 | 하이패밀리 대표, 청란교회 담임, 동서대학교 석좌교수 … 9
- 박일민 박사 | 칼빈신학교 신학대학원장, 조직신학 교수 … 12
- 최민수 박사 | 미주장로회신학대학교 상담심리학과 교수 … 14

프롤로그 … 23

서문 … 26

제1장 '자존감'(Self Esteem)이란 무엇인가? … 28

제2장 열등감을 극복하는 건강한 자존감 … 32
　　1. 열등감과 자존감의 고달픈 동거 … 32
　　2. 비교 의식에서 열등감이 발생한다 … 32
　　3. 자존감은 관점의 태도에서, 열등감은 스스로의 태도에서 나온다 … 36
　　4. 가난해서 불행하다? 건강한 자존감으로 해결하라! … 38
　　5. 학벌 열등감 – 가방 끈이 짧다고 무시한다는 시선을 무시하라! … 44
　　6. 외모 열등감으로 인한 낮은 자존감 – 외모로 인하여 결코 행복하지 않아요! … 47
　　7. 관계의 단절에는 낮은 자존감이 존재하고 있음을 인지하라! … 51
　　8. 집착을 애착으로 전환하라 … 52
　　9. 열등의식(열등 환경)을 창조의식(창조 환경)으로 바꾸라(요셉) … 53

제3장 인지행동치료를 통한 자존감 업그레이드 … 55

Our Journey to Self-Esteem

제4장 사회 공포증을 이기는 자존감   57

제5장 자존감과 열등감에 대한 성경적 주장   61
    1. 능력 열등감   67
    2. 가난 열등감   67
    3. 학벌 열등감   68
    4. 실직과 자존감   68
    5. 성폭행이나 왕따 같은 트라우마로 인한 열등감   69

제6장 기질 업그레이드를 통한 자존감 향상   71
    1. 기질, 성격 그리고 인격이란 무엇인가?   71
    2. 기질의 유형과 이해   73

제7장 분노를 극복하는 자존감   81
    1. 분노의 특징   85
    2. 분노는 죄인가?   86
    3. 분노(화)를 파헤치라   87
    4. 분노를 다스리고, 분노를 극복하는 자존감   92
    5. 분노를 어떻게 표현할 것인가?   93

제8장 상실감을 극복하는 자존감   96
    1. 최고의 스트레스를 최고의 바라봄(천국)으로 이겨 나가라   98
    2. 이 또한 지나가리라   100

제9장 우울증에서 탈출하는 긍정적 자존감   102
    1. 우울증이란 무엇인가?   102
    2. 우울증의 증상   106

   3. 우울증 탈출하기   107
   4. 우울증 자기진단   109
   5. 우울증의 발생 원인들   110
   6. 가장 대표적인 심리학적 이론 - 아론 벡(Aron Beck)의 인지이론   119

제10장 우울증에 대한 일반적 치료 방법   122
   1. 성경에 나타난 우울증 상담에 대한 성경적 근거와 치유 사례   124
   2. 성경에 나타난 우울증 사례와 치유   126

제11장 자존감 수업하기   155
   1. 자존감 회복을 위해 버려야 할 마음의 습관   155
   2. 보상물 문제   159
   3. 소진 증후군   160
   4. 일단 무작정 움직여라   161

제12장 행복한 부부 생활을 위한 자존감 측정과 자존감 향상   165
   1. B - Bless(축복하라)   171
   2. L - Love(사랑하라)   172
   3. T - Thank(감사하라)   172

제13장 관계의 걸림돌을 극복하는 자존감   174
   1. 10가지 성격 장애(인격 장애)   175
   2. 성경이 말씀하는 자존감 업그레이드   184

제14장 자존감이 높은 부모의 자녀교육   186
   1. 건강한 관계를 위한 건강한 자존감 세우기   189
   2. 자녀의 자존감을 높여 주는 방법 8가지   195

에필로그   202

참고문헌   204

프롤로그

　어렸을 때 형성된 낮은 자존감, 열등의식 등이 목회자가 된 이후 사역과 가정생활에 많은 어려움을 주었다. 두 종류의 상반된 봉우리가 기질과 성격과 결합되어 고통스런 관계와 내적 혼란의 주범이 된 것이다. 한 봉우리는 고요함과 평안함을 선사하는 봉우리, 이른 아침 구름과 함께 그려진 아픈 자들을 품으며 아름다운 자태를 뽐내는 오대산 자락의 한 봉우리였다.

　어머님의 천사 같은 성격과 삶, 믿음의 자리 위에서 형성된 나의 자존감이다. 착하다는 말을 들었던 이유이다. 긍휼의 마음이 은사로 주어진 내 인생의 모본이 되었다. 다른 한 봉우리는 변화무쌍한 히말라야 산맥의 고봉이었다. 쉽게 변하며, 평온했다가도 언제 눈 폭풍이 몰아칠지 모르는 불안한 마음이었다.

　바로 아버지의 모습이다. '성인 아이'의 전형적인 모습을 지닌 분이셨다. 다혈질, 폭력성, 알코올 중독, 성격 장애, 열등의식, 낮은 자존감 … 상담학에 있어 온갖 문제는 다 가지고 계신 분이셨다. 다만 한 가지 유익한 기질을 유산으로 물려주셨는데 유머와 대중 앞에서의 자신감 등이다. 그래서 강단에 서는 것에 기쁨과 자신감이 묻어 나온다.

속은 따스하고 긍휼의 마음을 지녔지만 한편에서는 분노가 고속 열차처럼 불쑥 지나가고, 목회 사역과 가정생활을 잘 하다가도 상처를 주는 경우가 종종 발생하였다. 심지어 아내는 농담 반 진담 반으로 '조울증 환자의 대명사'라고 표현하기도 했다. 상처가 많은 만큼 아내와 자녀들에게 많은 상처를 주었다.

설교 때 치유의 말씀도 있었지만 그만큼 청중으로 하여금 책망과 비난이 열정이라는 가면을 쓰고 묻어 나오곤 했다. 내 안의 쓴 뿌리의 영향이었다. 언어 구사에 있어서도 정제되지 않은 언어로 오해와 상처를 주곤 하였다.

결국, 나의 낮은 자존감이 분노를 쉽게 일으키고, 고집과 아집을 낳았고, 갱년기를 겪는 아내는 이로 인해 가슴 한 켠에 굳어 버린 암석 덩어리가 되어 깊이 자리 잡게 되었다. 나의 이런 모습이 인간관계와 사역에 가장 큰 걸림돌이요 고통이 되곤 했다. 그러나 하나님은 다혈질이었던 모세를 "온유함이 지면의 모든 사람보다 승하더라"(민 12:3)의 모습으로 변화시킨 것처럼 지금도 나를 변화와 치유, 성숙과 성장의 자리로 인도하고 계신다(발달 심리학).

이민 목회와 가정생활을 하면서 하나님과의 관계, 사람들과의 관계에서 가장 큰 장애물인 '낮은 자존감'이 존재하고 있어 이 문제를 연구하기 시작했다. 21세기의 심리학은 '긍정 심리학'과 '문화 심리학'이 주류를 이루고 있다. 신학에 있어서는 '인본주의 신학'(세속 신학)과 '복음주의 신학'의 대립 관계에 서 있다.

20세기까지는 신학과 심리학의 분리가 주요 쟁점이었다면 21세기는 신학과 심리학의 통합을 조심스럽게 시도하는 분위기다. 따라서 성경을 중심으로 심리학의 도움을 받아 '낮은 자존감에서의 탈출'을 통해 은혜의 자리로 업그레이드할 수 있는 길을 제시하는 것이 이 책의 목적이라 할 수 있다.

한성렬 교수님(고려대학교)의 내적 치유와 집단상담, 송길원 목사님(하이패밀리)의 가정 상담과 치유 프로그램, 정우현 교수님(미드웨스턴대학교?)의 상담 지도, 정부홍 총장님(에드워즈대학교), 전형준 교수님(백석대학교), 최민수 교수님(에드워즈대학교)의 성경적 치유 상담 등을 통해 오늘도 성숙과 성장을 향해 공사 중임을 감사하면서 이 책을 발간하였다.

더불어 이 책의 스승을 더한다면 기독교 상담학자인 게리 콜린스와 사사 받은 정동섭 교수님, 국제 정신분석가 이무석 박사이며, 칼빈신학대학교의 박일민(교의신학) 교수이다. 그들의 기독교 상담과 치유 프로그램 및 심리학과 신학에 지대한 영향을 바탕으로 지어진 따스한 책이라 할 수 있다.

오늘의 내가 있도록 간섭하시고 나를 형성케 하도록 환경을 허락하신 하나님께 감사를 드린다. 또한, 나의 나 된 것은 하나님의 은혜가 될 수 있도록 기도해 주고, 많은 상처를 감당하며 아낌없는 조언을 해 준 아내에게, 목회자의 자녀(Pastor Kids)로서 아픔과 상처가 많았던 아이들이 사춘기를 극복하며 회사원으로, 간호사로 직장생활 하는 기현이와 다희에게 고마움을 전한다.

이 책을 읽는 많은 독자가 고통에서 해방되며, 건강한 자존감과 관계가 회복되고, 하나님의 풍성하신 은혜를 맛보며 행복한 삶을 누리기를 소망한다.

서문

행복하십니까?

사람들이 가장 큰 행복을 느낄 때는 언제인가?

긍정 심리학이 밝힌 바에 따르면 행복은 돈과 명예 그리고 권력 같은 것보다 좋은 사람들을 곁에 두는 것이라고 했다. 행복 학자 에드 디너(Ed Diener) 교수에 의하면, 큰 업적을 성취하거나 엄청난 돈을 벌거나, 권력을 검어 쥐는 것, 쾌락을 경험하는 것은 행복과 별 상관이 없다고 했다.

그의 연구 결과 행복의 중요한 비결 중 하나는 가족이나 친구 등 중요한 사람들과 좋은 인간관계를 누리는 것이라 했으며, 이렇게 행복은 가장 가까운 사람과 사이 좋게 지내는 데서 온다고 했다.

서울대학교 최인철 교수는 "인생에서 가장 중요한 것은 '어디서'의 문제가 아니라 '누구와'의 문제다"라고 정의했다. 좋은 관계는 행복한 삶과 직결되며, 좋은 관계의 배후에는 '자존감'(Self Esteem)이 절대적인 영향을 끼치고 있다.

에드 디너 교수는 '행복의 결정적 요인은 사회적 관계(가족과 친구), 배움의 즐거움, 삶의 의미와 목적, 작은 일상에서 긍정적인 것을 인식하는 태도'라고 하였다. 모두 자존감과 관련되어 있는 요인이다.

한국 사회와 미국에 사는 한인 사회는 관계에 있어 치명적인 상처들이 역사적, 정치·사회적, 문화적, 심리적 영향으로 깊이 둘러 싸여 있음을 본다. 역사적으로는 많은 외적의 침입 때문에 피해 의식과 패배의식, 열등의식이 민족 심리 저변에 깔려 있다. 사회적으로는 숨막히는 변혁과 군사 정권하의 불안정과 불신, 빈익빈 부익부로 인한 괴리감, 급격한 문화 변동에 의한 가치관의 혼란, 가정 해체의 시대 속에서 발생되는 많은 가족 문제와 심리적 상처와 우울증 등이 있다.

행복은 인생 전반에 대해 느끼는 주관적 자기만족 또는 안녕감이며, '만족감, 사랑, 즐거움, 기쁨을 누리는 마음 상태 혹은 기분'이다(정동섭). 결국, 행복의 결정적 조건은 '관계'이며, 관계를 행복하게 만드는 요인은 '자존감'이다. 국가와 개인과의 관계, 나와 이웃과의 관계, 나와 나 자신과의 관계 그리고 신과 인간과의 관계 속에는 '자존감'이 가장 깊은 영향을 끼치고 있다.

Our Journey to Self-Esteem

제1장
'자존감'(Self Esteem)이란 무엇인가?

제임스 돕슨(James Dobson, Focus on the Family의 창설자이자 회장), 게리 콜린스(Gary Collins, 기독교 심리학자), 레스 패로트(Less Parrott, 자기 계발 작가)를 비롯한 현대의 많은 심리학자는 자존감이 정신건강의 척도가 된다는데 의견을 같이 한다.

위키백과사전에는 자존감의 정의를 이렇게 정의한다.

> 이것은 자아 존중감(自我尊重感, self-esteem)이며, 자기가 사랑받을 만한 가치가 있는 소중한 존재이고 어떤 성과를 이루어 낼 만한 유능한 사람이라고 믿는 마음이다.

자존감이란 자신에 대한 자기 평가이며, 객관적인 자아 개념에 대해서 본인 스스로가 내리는 주관적 판단 또는 느낌을 가리킨다.

사티어(Virginia Satir, 미국의 가족 치료와 가족 상담의 창시자)는 "자기 자신에게 가치를 부여하고 자기 자신을 귀히 여김과 사랑 그리고 진실성을 가지고 대할 수 있는 능력이다"라고 했다. 자존감의 개념은 심리학 분야에서 가장 오래되고 풍성한 역사를 지닌 개념 중의 하나이다.

미국의 심리학자 윌리엄 제임스(William James)가 1890년 처음으로 소개한 이 개념은 상담 학계에서 '남녀 차이'와 '부정적 정서' 다음으로 가장 자주 거론되는 주제로 알려져 있다(Hojjat & Cramer).

자존감은 행복, 심리적 회복력, 생산적이고 건강한 삶을 살기 위한 동기와 강하게 연관되어 있으며, 모든 내적, 외적 삶의 깊은 영향력을 발휘한다. 많은 심리학자는 낮은 자존감이 모든 문제의 이면에 있는 문제라고 보고 있다. 그러므로 자존감을 살펴보고 건강한 자존감으로 향상시킬 필요가 있으며, 이는 행복한 삶에 지대한 영향을 끼친다.

그렇다면 당신 자신을 어떻게 보고 있는가?
또는 나 자신에 대해서 나는 어떤 느낌을 가지고 있는가?
나는 나를 좋아하는가?
아니면 싫어하는가?

이런 질문에 대한 답이다. 이를 주관적 판단이라 한다. 나에 대한 객관적 판단이 있다. 객관적 판단으로 볼 때 뛰어난 재능과 능력, 좋은 집안 배경과 학력, 높은 사회적 지위와 뛰어난 외모를 가졌다 하더라도 정작 주관적으로는 자기 자신과 자기 삶을 싫어할 수도 있다. 행복함을 못 느끼며 오히려 불행하다고 생각할 수도 있다.

반면에 객관적으로 행복할 수 없는 상황인데도, 즉 뛰어난 외모나 재력, 재능 그리고 학력도 없으면서도 주관적으로 대단히 행복해 하며 만족하며 사는 사람도 있다. 그러므로 자존감, 자긍심은 객관적 판단이 아니고 주관적 판단이나 느낌 또는 태도이다(정정숙, 2011). 이것은 시간과 상황, 환경에 좌우되는 것이 아니라 상대적으로 지속되는 경향이 있다. 이것을 전체적 또는 총체적 자존감(global self-esteem)이라 한다.

사마리아 수가성의 한 여인이 있었다. 그녀는 남들이 다 쉬면서 낮잠을 자는 정오 12시에, 햇빛의 따가움을 뚫고 남몰래 우물에 물을 길러왔다.

왜 그럴까?

그녀에게는 남에게 보이기 싫고 관계를 맺기가 거북한 상한 자존감이 있었기 때문이다. 현재 살고 있는 남자도 남편이 아닌 여섯 번째 남자였다. 행복의 파랑새를 잡기 위해 노력한 그녀의 삶은 주관적으로도 행복하지 못했고 보이기도 싫어했으며 객관적으로도 행복한 요인이 전혀 없었다. 그런데 그녀의 영혼과 삶을 치유하시기 위해 예수님이 - 이 여인이 의존했고 의지했던 우물가로 - 갈증 나는 인생의 현장으로, 남자도 채워 줄 수 없는 마음의 갈증이 존재하는 그녀의 불행한 삶에 찾아오셨다.

그리고 영원히 목마르지 않는 생수를 주시겠다고 하셨다. 믿음으로 생수를 받아 마신 순간 그녀의 낮은 자존감, 상처 입은 영혼의 자존감은 총체적 자존감의 회복으로 나아갔다. 그 즉시 자신에게는 절대적으로 필요했던 양동이를 버려두고, 관계의 단절과 보기 싫었던 마을 사람들의 대문을 두드리며 그분을 증거하였다.

그녀의 변한 모습을 보고 많은 사마리아 사람이 예수님을 믿게 되었다. 자신을 사랑하게 되었고 이웃을 사랑하게 되었으며 하나님을 사랑하는 삶으로 회복되었다. 건강한 자존감이 회복되는 순간이었다. 자존감이 건강하면 나에 대해 긍정적이며 희망적이며 객관적으로도 귀하며 행복한 시선으로 본다. 당신과 나와의 관계도 건강한 모습으로 관계를 이끌어 간다.

낮은 자존감은 죄를 지적하여 죄책감을 갖게 하지만, 건강한 자존감은 죄를 회개케 하고 용서와 치유를 통해 기쁨과 평안, 행복을 누리게 한다. 높은 자존감은 자신감을 갖게 하며, 실패와 실수 속에서도 다시 일어서는 용기와 도전하며 일어선다.

Our Journey to Self-Esteem

제2장
열등감을 극복하는 건강한 자존감

1. 열등감과 자존감의 고달픈 동거

    사람에게는 누구나 열등감이 존재한다. 그러나 열등감이 심할 때 자존감에 큰 상처를 입힌다. 사울왕은 다윗에 대한 열등감 때문에 정신분열증까지 얻었다. 만약 그가 건강한 자존감을 가졌다면 다윗을 인정하고 세워줌으로 존경받는 지도자로 평가되었을 것이다.

    열등감과 자존감의 고달픈 동거가 아름다운 동거로 변화되는 여행을 떠나보자.

2. 비교 의식에서 열등감이 발생한다

    정신 분석학자 이무석 박사는 우리나라 사람들은 외모 열등감, 집안 열등감, 키와 성기 열등감, 벗겨진 이마에 대한 열등감, 능력 열등감, 재물 열등감, 학벌 열등감을 느낀다고 분석하고 있다. 이 모든 열등감은 사회적 비교에서 비롯된 것이다.

독일 작가 베른하르트 슐링크 원작 『더 리더』는 <더 리더: 책 읽어 주는 남자>라는 제목으로 2009년에 영화로 만들어져 흥행을 이루었던 작품이다. 내용을 보면 열등감이 얼마나 무서운 것인가를 엿볼 수 있다.

나치 독일이 패망하고 시간이 지난 1958년 어느 날, 고등학생 소년 마이클은 길거리에서 아파 쓰러지고 지나가던 여인 한나는 그를 부축하여 집으로 데려간다. 연상의 여자이며 고아 출신인 한나의 따스한 돌봄에 깊은 연인관계로 발전하게 된다. 한나의 집을 드나들며 한나는 마이클에 여러 책을 읽어 주길 부탁한다. 마이클이 읽어 주는 책의 내용을 들으며 한나는 공감하기도 하고 격분하기도 하며 책에 집중하였다. 글을 읽지 못하고 열등감을 가진 한나, 전차 검표원이 된 어느 날 홀연 그녀는 마이클을 떠난다. 남에게 알리기 싫지 않은 열등감이 탄로 날까 하는 두려움에 ….

8년이 흐른 1966년, 법대생이 된 마이클은 같은 과 친구들과 전범들에 대한 재판을 관람하게 된다. 그런데 그곳에 한나가 피고 중 한 명으로 불려 나와 있었다. 2차 대전이 끝날 때까지 아우슈비츠수용소에서 유대인을 감시하는 친위대 교도관으로 일을 했던 죄목 때문이었다. 재판에서 한나는 어린이 유대인 수감자들을 불러 모아 간식도 주면서 그녀 옆에서 책을 소리 내어 읽어 주게 하며 다정한 교도관으로 소문났다.

그러나 수용소에 자리가 없을 때 다른 곳에 보낼 인물로 자신이 돌보았던 어린이 수감자들을 우선 보내어 죽음의 길로 보내었다.

또한, 2차 대전이 끝나기 직전 그녀가 감시하던 교도소에 불이 났음에도 수감원을 풀어 주지 않았고 이로 인해 많은 유대인, 특별히 책을 읽어 주었던 아이들이 죽임을 당하였다. 그것이 나의 직무였기 때문이라며 너무도 당당한 태도로 이야기하는 한나를 보며 마이클은 좌절한다. 하지만 한나와 같이 기소된 다른 전범들은 이런 한나의 순진함을 악용해 모든 죄를 그녀에게 덮어씌우고자 '한나가 보고서로 지시하고 서명하였다'라고 자백하였다.

이에 한나는 억울함을 호소하였지만 서명한 글씨체를 비교하기 위해 재판관이 써 보라는 요구에 한나는 불복하며 오히려 자신이 하였다고 거짓말을 하였다. 결국, 무기징역을 받고 수십 년이 흘러간다. 20년 동안 마이클은 한나에게 자신이 녹음한 책들의 내용과 책을 넣어 주며 한나가 글을 깨우치는 데 큰 도움을 준다. 출옥을 앞둔 할머니 한나의 향후 거취를 돕고자 마이클이 그녀와 재회하게 된다. 변호사 직을 하며 중년의 마지막 턱에 선 예비 노인이 된 마이클은 여전히 '꼬마야'라고 부르며 반가워하는 한나에게 일말의 양심을 기대하며 묻는다.

"그동안 감옥에서 뭘 깨우치셨는지 모르겠네요."

"뭘 깨우쳤냐고?

글을 깨우쳤지."

노인이 된 한나의 관심은 아직도 문맹 열등감이 4반세기를 산 여인의 주변에 머물러 있었다. 자신이 글을 읽을 수 있다는 사실이 그녀에게는 가장 큰 뉴스였던 것이다. 그녀가 죽였던 많은 어린 유대인들, 불 속에서 건지지 않은 이유, 수십 년 감옥살이 속에서도 양심의 소리를 깨닫지 못한 것은 바로 열등감 이었다. 열등감이 그녀의 양심마저 죽게 하였다. 마이클의 실망스럽고 차가운 반응의 얼굴을 떠나보내며 한나는 결국 절망하며 목을 매어 자살하고 만다.

한나는 왜 문맹이라는 사실을 숨기고 20년의 감옥살이를 택했을까?

남과 비교해 보니 자신은 너무도 부끄러운 모습으로 정죄한 것이다. 문맹 열등감은 20년의 감옥살이보다 더 고통스러운 것이었고, 열등감은 이렇게 지독한 쓴 뿌리이다.

마이클 잭슨은 검은 피부에 대한 열등감으로 늘 선망했던 엘리자베스 테일러를 닮기 위해 수많은 성형 수술을 받음으로 죽기 전까지 많은 후유증을 앓고 있었다. 그는 검은 피부를 변색하기 위해 수많은 시술을 하였고, 불면증 및 여러 정신적 고통에서 벗어나기 위해 약물을 복용해 왔고, 부작용과 잘못 처방되어 갑자기 세상을 떠나게 되었다.

미국 내에서 사는 한인들 가운데는 문화적, 인종적, 교육적, 생활로 열등감에 시달리는 사람들이 상대적으로 많은 편이다. 이로 인해 분노조절장애, 우울증, 관계의 단절, 신앙생활의 어려움, 사회생활의 부적응 등 수많은 문제에 직면하고 있다. 열등감이 열등의식화될 때 이러한 마음의 질병과 관계의 고통을 수반하게 된다.

자존감은 관점의 태도에 달려 있다. 열등감은 자신에 대한 스스로의 평가에서 나온다. '나는 못난이, 나는 안돼, 나는 무능해요. 그래서 다른 사람이 나를 무시할 거야'라고 생각하는 것이 열등감이다. 우리 주변에는 열등감과 무력감 그리고 불안정감을 느끼며 살아가는 경우가 많이 있다.

미국의 초기 심리학자 윌리엄 제임스(William James)는 자기 자신이 무가치하다고 생각하고 의미 없다고 믿는 사람들은 정신적 고통을 받는다고 주장했다. 오스트리아의 정신과 의사인 알프레드 아들러(Alfred Adler)는 모든 사람은 열등감이 있다고 결론 내린 바 있다. 때로 이런 열등감이 도전 의식을 불러일으켜 어느 일을 성취하도록 도우며, 사람들로 하여금 건강한 행동을 할 수 있는 과정이 될 수 있다. 열등감을 창조의식으로 바꾼다면 매우 유익한 삶이 될 것이다.

그러나 열등감은 어떤 일로부터 뒤로 물러서게끔 만들고 열등감 콤플렉스(Inferiority Complex)로 발전되어 남과 비교함으로 자기를 비참한 삶으로 전락시키며, 작은 일에도 분노를 일으키고, 삶을 무력하게 만들며, 관계의 단절을 꾀할 뿐 아니라 무엇보다 하나님의 은혜를 수용하지 못하는 장애물이 될 수 있다. 열등감은 우울증처럼 소리 없는 살인자요, 보이지 않는 여리고성이다.

3. 자존감은 관점의 태도에서, 열등감은 스스로의 태도에서 나온다

열등감(inferiority, complex)과 자존감(self-esteem)과의 심층분석을 해 보자. 사람들은 열등감에 빠져 살기도 하고 자존감을 누리며 살기도 한다. 열등감의 심리학적 정의는 자기 모멸감이며, 자기 정죄, 자기가 남보다 못하거나 부족하다는 생각에서 오는 느낌"이다.

성경적 관점으로 보면 하나님을 상실한 인간이 자기 성취에 근거하여 자기 가치를 찾으려는 마음 자세가 열등감의 근본이다. 자존감이 낮으면 많은 경우 열등감에 시달린다. 특히, 열등감은 남과 비교하면서 자기 용모, 능력 등에서 남만 못하다는 느낌을 말한다. 이로 인에 적잖은 불안증에 시달리게 하고, 신앙생활을 해도 기쁨과 감사가 없다. 관계가 틀어지기가 일쑤다.

이와 깊은 관련이 있는 자존감이란 무엇인가?

자기를 존중하는 것으로 자기 외모, 성격, 학벌 등에 대해 비판하거나 미워하는 것이 아니라 있는 그대로 존중하고 아껴주는 심리 상태를 말한다. 따라서 자존감이 낮으면 남과 비교하면서 자기 열등의식이 부각된다. 좋은 것도 많은데 열등한 것 한 가지가 전체를 갉아 먹는 습성을 지닌다.

호주 시드니의 북동부 쪽으로 2500킬로미터 떨어진 남태평양 해역에는 20만 명이 사는 바누아투섬이 있다. 2006년도 영국 '신경제재단'(NEF)에서 실시한 국가별 행복 지수(HPI) 조사에서 178개국 중 행복 지수 1위(당시 한국은 102위)로 선정되었다. 전 세계 233개국 중 207위의 최빈국 나라이다. 수년 동안 자살자가 한 명도 없다가 최근에 1명이 자살하였다고 한다. 그들은 각 섬의 족장과 연장자가 중심이 되는 마을 공동체, 80퍼센트의 기독교인 등이 행복 지수를 높이게 한 요소라고 하지만 중요한 요인을 덧붙인다면 비교할 대상이 없다는 것이다.

자기보다 불행한 사람들, 행복한 사람들을 비교할 대상이 없다는 것이다. 비교 의식 자체가 없으니 자기 삶에 만족하며 행복하게 살고 있는 것이다. 열등감은 비교 의식에서 발로된다. 그러므로 열등의식을 극복할 수 있는 비결은 긍정적 자존감, 자신을 바라보는 시각이 사랑과 자비의 모습으로, 하나님이 인정하시고 세워 주신 높은 자존감으로 바라본다면 열등의식에서 해방될 것이다.

> 너의 하나님 여호와가 너의 가운데 계시니 그는 구원을 베푸실 전능자시라 그가 너로 인하여 기쁨을 이기지 못하여 하시며 너를 잠잠히 사랑하시며 너로 인하여 즐거이 부르며 기뻐하시리라 하리라 (습 3:17).

4. 가난해서 불행하다? 건강한 자존감으로 해결하라!

사람에 따라 다르겠지만 미국에 사는 한국 사람들이 세계를 여행하고 돌아오면 하는 말이 있다.

"미국처럼 풍요롭고 살기 좋은 곳은 없는 것 같아요."

소위 미국에 사는 부자들의 모습을 보면 놀라움을 금할 수가 없다. 일전에 캘리포니아 중부 해안 언덕에 있는 허스트 캐슬(Hearst Castle)을 본 적이 있다. 1년에 100만명 이상이 찾는 곳이다. 1919년에서 1947년에 지은 언론 재벌 윌리엄 랜돌프 허스트의 개인 집이다. 당시 유럽의 고대 건축물들을 해체해 지었던 곳이다. 당시 LA와 유명 연예인, 정치인들이 초대장을 받고 싶었던 선망과 동경의 대상이었다.

그러나 그의 삶은 황색 저널리즘의 무자비한 실천자로 많은 사람에게서 비난과 악평을 받고 아름다운 집에서 아름다운 삶을 살지 못하고 단절된 삶을 살았다. 가이드는 말한다. 바닥에 깔린 양탄자는 10만 달러, 도자기 하나는 수십만 달러라고 한다. 한평생 빠듯하게 살며 수입을 쪼개어 은행 빚과 이자를 갚아야 하는 사람에게는 그곳에 놓인 탁자 하나도 살 수 없을 것이다. 가졌다고 해서 행복이 보장된 것은 아니다. 행복은 만들어가는 것이다. 남들보다 더 많이 가져야 하고, 남을 짓밟으면서까지 성공하고자 하는 욕망 속에는 낮은 자존감과 열등감이 자리 잡고 있다.

반대로 가난한 사람들도 열등감을 느끼곤 한다. 학창 시절 때 A라는 친한 친구가 있었다. 아버지의 사업 실패로 집안 환경이 경제적으로 녹록치 못했다. 오래 동안 학창 시절을 같이 보냈고 우정을 지속적으로 나누었다. 그러나 그의 집에 가본 사람은 나를 비롯하여 아무도 없었다. A가 그렇게 가난 속에서 고통받는지 아무도 몰랐다. 왜냐하면, A가 입는 옷을 보면 꽤 괜찮은 상표의 옷들을 입고 있었고, 언제나 밝은 이미지와 친구들과 어울리면서도 돈이 없는 것 같은 인상을 준 적이 없었기 때문이다. 훗날 들었던 친구의 집은 창문 하나 없는 단칸방에서 할머니와 부모님, 3남매 등 6명이 살고 있었다고 한다.

A는 가난을 벗어날 수 있는 일은 공부밖에 없음을 믿고 열심히 공부하여 일류 대학으로 진학하였다. 미팅을 통해 여자 친구와 사귀기도 했다. 여자 친구와 만나면서 거의 모든 비용을 A가 냈다. 그 비용은 사실 누나가 힘들게 벌면서 주는 용돈이었다. 때로 여자 친구가 집에 가서 가족에 인사 드리고 싶다고 말했지만, 한사코 거절하였다. 밖에서 직장 생활을 하는 누나를 만났을 뿐이다.

사실 A가 용돈이 많아서 데이트 비용을 낸 것이 아니다. 여자 친구가 계산하면 자존심이 상하기 때문이었다. 무시당하는 것 같은 느낌을 받을까 싶어 늘 있는 척했던 것이다. 결국, 여자 친구는 부모님께 소개도 하지 않는 것에 실망하여 A를 떠나고 말았다. 집안의 가난을 부끄러워했던 A는 더욱더 공부에 매진했고 졸업 후에 좋은 직장을 얻게 되었다. 결혼을 전제로 사귄 여자 친구 B도 생겼다.

B는 경제적으로 꽤 괜찮은 집안이었다. 만날수록 A는 불안감이 증폭되었다. 결혼에 대한 이야기가 오갈 즈음에 문제가 발생되었다. B를 집에 초청한 적도 없고, 밖에서 어머니를 만난 적은 있지만 아버지를 만난 적이 없었기 때문이다. 아버지는 사업 실패 후에 술로 인해 대인 기피증이 있는 상태였다. 다행히 자식들이 직장 생활을 하면서 집은 반 지하 전세로 이사 갔지만 여전히 마음 속의 열등감은 사라지지 않았다.

결국, A는 B가 자기의 가난한 삶을 알까 불안해 하였고, 먼저 관계를 끊자고 요구하였다. B 역시 결혼할 의사가 없는 것으로 판단하여 A 곁을 떠나 버렸다. 가난과 형편에 대해 부끄러워하고 열등의식을 가졌던 친구는 한동안 이 충격에서 벗어나지 못했다.

지금은 다행히 가정을 잘 꾸미고 건강하게 살고 있지만, 그렇다면 A는 어떻게 해야 했을까?

데이트할 때 사 줄 돈이 없다면 주눅 들지 말고 이렇게 당당하게 말했어야 한다.

> 사실, 우리 집이 아버지의 사업 실패로 어려움이 많아. 비싼 커피 마시는게 부담될 때도 있어. 매일 내가 한턱낼 수도 없고 … 오늘은 싼 걸로 만족하자. 가끔 네가 내주는 것도 고맙고 … 사실, 아버지는 사람 만나는 걸 두려워해서. 당연히 집에 찾아오는 손님은 더욱더 어려움이 있어. 밖에서 인사드리자.

경제적 차이가 인간의 격차는 아니며, 부끄러운 것이 아니다. A는 이것을 인간의 격차로 이해하고 예방(?)차원에서 방어적 기제로 '절교'를 택했던 것이다. 가난이 불행하거나 또는 행복의 근거가 될 수 있는 것은 아니다. 더욱이 인격과 자존감의 기준점이 되는 것은 결코 아니다. 가난은 극복할 대상이지만 결코 죄나 부끄러움과 수치감이 아니다.

학창 시절에 유명 메이커인 N 신발이 유행한 적이 있었다. 신발에 N 사인만 보면 부러워서 견딜 수가 없었지만 나에게는 살 수 있는 돈이 없었다. 부모님에게 사 달라고 하기도 어려웠다. 결국, 장날에 N 사인과 비슷하고 이름도 N으로 시작한 신발을 사서 신은 적이 있다. 이름하여 한글 자가 더 들어간 '나이사키' … 시골서 서울로 전학을 갔다. 동급생들을 보니 온갖 좋은 운동화는 다 신고 다녔다. 오히려 짝퉁인 신발이 탄로 나서 친구들의 웃음거리가 된 적이 있다. 그 이후로 내 신발은 언제나 사인이 없거나 이름이 안 보이는 신발을 사 신었다.

지금 생각하니 굳이 뱁새인 내가 황새를 쫓아가려고 발버둥 칠 이유가 없었는데 … 작은 뱁새이지만 나름대로 잘 날고 똑똑한 새인데 … 고무신 신은 시골 아이들보다 그래도 멀쩡한 운동화라도 신었으니 감사한 일 아니었을까?

부모님이 사서 주지는 못했지만 운동화 때문에 내 가정을 부끄럽게 여기거나 N 신발을 신은 친구보다 인간적인 격이 떨어진 것은 아니지 않았나 하는 생각을 해 본다. 그것이 건강한 자존감이었는 데 말이다. 그렇다. 건강한 자존감은 현실을 인정하는 것이다. 객관적인 관점으로 바라본다.

맞다! So what?
그래서 어떻다는 것인가?
주관적인 관점에서 나는 충분히 좋은 신발을 신을 수 있는 마음의 자격을 가지고 있고, 비싼 신발보다는 질이 떨어지지만 그래도 똑같이 달릴 수 있고, 빗물도 막아 주고, 공도 차고, 버스도 탈 수 있지 않은가?

남의 시선을 의식하는 체면 문화, 비교 의식으로 인한 열등감, 없는 것 때문에 오는 우울증에서 벗어나는 길, 그것은 나를 긍정적으로 바라보며, 형편에 감사하고, 사랑의 눈으로 나를 바라보는 건강한 자존감의 눈

(관점)이다.

이러한 가난 열등감을 극복하는 방법은 구체적인 것은 무엇일까? 혹은 건강한 자존감을 어떻게 세울 수 있을까?

1) 가난한 현실을 인정하는 것이다

A의 경우 가난은 그의 잘못이 아니다. 또한, 아버지의 사업 실패와 고통스런 삶을 원망하거나 좌절할 일도 아니다. 오히려 그럴 때일수록 자신이 할 수 있는 일, 도전할 수 있는 계기로 삼아야 한다. 데이트할 때도 꼭 남자의 자존심을 내 세울 필요가 없는 것이다. 있는 그대로 상황을 이야기해 줄 필요가 있다. 내가 할 수 있는 일에 도전하며 승부를 걸자는 마음으로 살아야 한다.

성경에는 이를 '달란트'(Talent)라고 하며, 선천적 또는 후천적으로 발견된 재능이라 할 수 있다. 남이 가진 달란트를 부러워하고 좌절감을 느끼거나 그것이 인간의 격차가 아님을 알아야 한다. 남이 가지고 있는 떡이 맛있고 크게 보이지 않도록 하며, 내 손 안에 있는 떡을 소중하고 귀하게 여겨야 한다. 이러한 생각을 하고 있다면 그는 높은 자존감을 유지하고 있는 사람이다.

2) 목표와 성취를 이루도록 한다

없는 것 때문에 인생의 목적과 목표, 성취가 훼손 받으면 안된다. 약간의 열등의식을 도전 의식으로 바꿀 수 있다. 도전 의식에서 머물지 말고 의미와 풍성함을 찾는 창조의식으로 나아가야 한다. 창조의식은 행복한 인생의 목적, 행복한 삶의 구체적 목표, 이를 통해 성취의 기쁨을 누릴 수 있도록 꿈과 그 일을 이루기 위한 성실함을 지닌다. 이를 통해 치유가 일어나고 건강한 자존감을 누릴 수 있다.

3) 목적 의식으로 살도록 하자

테레사 수녀가 빈민가인 인도 캘커타에서 온갖 병자들을 돌볼 때 일이다. 미국에서 날아온 한 편의 편지를 받았다. 편지를 보낸 20대 중반의 낸시는 인생의 목적과 의미를 깨닫지 못하고 우울증으로 인하여 자살을 하기로 결심하였다고 했다. 그러나 마지막으로 테레사 수녀에게 자기 심정을 쓰고 나서 죽자고 생각했다. 그때 수녀는 한 통의 편지를 보냈다.

"낸시, 한 달만 이곳에 와서 살아 보세요."

한 달만 살아보고 죽겠다는 각오를 하고 빈민가로 온 낸시는 환자들의 대소변을 받으면서, 그들의 곪아 터진 육체를 닦아주면서, 그들의 이야기를 들어 주며 점점 새로운 변화를 이루는 자신을 보게 되었다. 몸은 고되지만 사는 재미와 행복을 경험하였다. 한 달로 약속한 시간이 지나고 테레사 수녀가 떠난 콜커타에 지금도 병자와 가난한 이웃들을 위해 살고 있다.

무엇이 낸시를 변화시키고 고갈된 자존감에서 충만한 자존감으로 회복게 하였을까?

인생의 목적이 어렵고, 불쌍하고 고통받는 자의 이웃이 되는 '나눔과 봉사의 삶'으로 바뀌었기 때문이다. 자기 인생이 행복하지 못하고, 기쁨과 감사가 없고 불행하다고 생각된다면 주변을 향해 나눔과 봉사의 관점으로 시선을 옮겨 보길 바란다. 결코 경험할 수 없는 대견스런 자존감을 볼 것이다.

5. 학벌 열등감 – 가방 끈이 짧다고 무시한다는 시선을 무시하라!

미국의 대도시에는 많은 한인이 우리들만의 커뮤니티를 이루고 이민 생활을 하고 있다. 한인 신문에는 "00학교동문회"라는 행사가 연말이 되면 광고란을 꽉 채우고 있다. 학연, 지연, 혈연 공동체가 유별나게 많은 커뮤니티가 한국 사회인 것 같다. 재미있는 사실은 만나는 사람마다 대부분 일류 대학교학교를 나왔다고 자랑하곤 한다. 남자는 S, K, Y 대학, 여자는 L, S여대를 졸업했다고 자랑한다. 그런데 그 가운데는 같은 과, 같은 연도에 공부했는데 도무지 알지를 못한다는 것이다. 누군가는 거짓말을 하고 있는 것이다.

미국 LA에 살고 있는 여자인 A 성도를 알고 있다. 그녀는 젊은 날에 이민을 와서 온갖 어려운 일을 하였다. 때마침 직장의 매니저였던 일류 대학교를 나온 한국 남자를 만나 결혼하여 자식을 낳고 행복한 날들을 보냈다. 그러나 결혼 10년 차가 되면서 남편은 다른 살림을 차렸고, 이 여인은 충격으로 정상적인 생활을 하지 못할 정도로 정신이 망가져 버렸다.

자존감은 추락할 대로 추락하였다. 그녀와 이야기할 때마다 시작하는 접두 문장이 있다.

"내 남편은 K대를 나온 훈남이었고 …, 누구를 아는데 그 사람은 S대를 나오고 …, 내 친척 누구는 L대를 나왔는데요 …."

그녀는 늘 화제의 중심에는 묻지도 않은 학벌을 이야기하는 것을 보았다. 후에 들었는데 A는 한국에서 무슨 전문 대학교를 중퇴하고 미국에 왔다고 했다. A에게는 학력 콤플렉스가 항상 자신을 괴롭히는 주범이었던 것이다. 남편이 다른 여자를 만나 살림을 차린 것은 이런 생각 때문이었다.

"남편이 내가 전문 대학교도 못 나온 것에 실망 한 거야.
아마 그 여자는 일류 대학교를 나왔겠지?"

더욱더 분노가 일어나고 자학하며 원망으로 가득 찬 생활을 하게 되었다. 교회에서의 신앙생활도 제대로 하지 못하였다. 남편에 대한 상처를 감추고 싶었던 것도 있지만, 누가 인사를 하지 않으면 자기 학벌을 무시하는 것이라 생각했기에 화를 내기도 하고, 자존심이 상하는 일이 많으니 성도 간에도 건강한 관계를 유지하지 못하기 때문이다.

그러나 한편 생각해 보면 남편이 외도한 것은 A의 학벌과는 전혀 상관이 없는 일이다. 어쩌면 아내에 대한 권태감과 성격 차이 또는 다른 원인이 있었을 것이다. 사람들이 자기 학벌을 이야기하지 않는 이상 알 리가 없다. 미국에서는 상대방에게 묻지 말아야 할 세 가지가 있다. 나이와 과거 그리고 학력이다. 지레 자기 혼자 하는 생각일 뿐이다. 비현실적인 생각이다.

인간에게는 두 개의 현실이 있다. 하나는 실제적 현실(actual reality)로써 이는 객관적 현실(objective)이다. 사람들이 A를 전문 대학교 중퇴라는 사실을 모른다는 것이 실제 현실이다. 그렇지만 또 하나의 심리적 현실(phy-chic reality)이 있다. 마음이 만들어 낸 주관적 현실(subjective reality)이다. A에겐 남편과 사람들이 자기 학력 때문에 무시당하고 있다고 생각하는 것이 심리적 현실이다. 아무런 현실적 근거도 없이 말이다.

중요한 것은 사람들의 마음을 지배하는 것은 실제적 현실이 아니고 심리적 현실이다. 그래서 A는 근거 없는 줄 알면서도 무시당하고 버림받은 사람처럼 상처받고 있는 것이다.

교회에서도 자신에게 말을 걸지 않으면 이렇게 생각한다.

"아니, 나를 무시하나?

내가 일류 대학만 나왔어도 저러하지 않을 텐데 …."

심리적 현실은 어느새 학벌 열등감으로 발전해 버린다. 거의 자동적으로 일어나는 심리 반응이었다. 이런 반응을 정신의학에서는 자동적 사고(automatic thought)라고 한다.

A의 경우 표면적으로는 학벌이 문제인 것 같지만 사실은 낮은 자존감이 문제였다.

"나는 전문 대학 졸업이라 사람들이 무시할 거야."

이러한 내재화되고 강화된 마음의 심층에는 다른 문제가 숨어 있었다.

A의 가정 환경을 살펴보았다. 위로 두 명의 누나와 1명의 남동생이 있다. 그들은 초등학교때부터 모두 상위권의 성적을 유지했다. 모두 일류 대학교에 들어갔고 졸업을 하였다. 자신만 가장 학벌이 낮고, 그것도 사람들이 잘 알지도 못하는 전문 대학을 중퇴했으니 마음 한 켠에 학벌 열등감이 둥지를 틀고 있었던 것이다. 이를 부끄럽게 여긴 부모는 차라리 이민을 가라고 다그치곤 하였다.

부모의 마음에 둘째 딸의 학벌은 부끄러움이었고, A 역시 학벌만큼은 숨기고 싶은 미운 오리 새끼가 된 것이다. 한때 남편과 딸이 사이 좋게 지내는 것을 보면서 무의식적으로 어린 시절을 떠올리며 소외감을 느꼈다.

딸 또한 후에 미국의 좋은 대학에 들어갔다. 딸과 무슨 말을 하다가 언성이 높아지면 자기 학벌 때문에 딸이 무시한다는 생각에 화가 나곤 했다. 이 낮은 자존감이 "전문 대학 중퇴는 창피해"라는 가면을 쓰고 나타나게 된 것이다.

어릴 때부터 특별히 가정에서 사랑을 받지 못하고 소외감을 느끼며 자란 사람은 자존감이 낮다. 그렇게 되면 "나는 창피한 사람이야"라고 낮은 자존감 속에 살게 된다. 이것이 후천적 경험에 의해 생겨난 열등감이다.

전문 대학 중퇴하였지만 부끄러워하지 아니하고 오히려 자신 있게 사는 사람도 많다. 이때 가족이나 주변 사람들이 열등감 속에 숨어 있는 낮은 자존감을 이해하며 도와주어야 한다. 본인 또한 성장 과정을 뒤돌아보며 열등감의 원인을 잘 파악해야 한다. 못 배운 것이 한이라면 최선을 다해 배우면 된다.

늦은 나이에도 배울 것은 얼마든지 있다. 남편의 은퇴 후에 검정고시에 도전하는 주부도 있다. 열등의식이 창조의식으로 바뀌어지는 순간이다. 사람들이 자신을 무시하는 것 같은 그 생각을 무시하도록 하라.

6. 외모 열등감으로 인한 낮은 자존감 - 외모로 인하여 결코 행복하지 않아요!

수년 전 한국 TV에서 〈선풍기 아줌마〉(본명, 한미옥)에 대한 방송을 본 적이 있다. 한때 밤무대 가수 출신인 미모의 여가수였다. 그러나 그녀는 자기 외모에 대한 열등의식으로 남보다 더 예뻐지고자 하는 생각에 여러 차례 성형 수술을 시도했고 그 부작용으로 회복할 수 없는 얼굴로 망가져 버렸다. 정신 분열증까지 겹쳐 환청과 환각에 시달려 얼굴에 콩기름과 파라핀을 주입하여 얼굴 크기가 3배 이상 커져 버려 '선풍기 아줌마'의 별명을 갖게 되었다.

이후 많은 사람의 도움으로 치료받았고, 예전보다 얼굴이 많이 작아졌으나 역시 수술 후유증으로 고통과 눈도 감을 수 없는 아픔, 생활고에 시달리고 있다(2018년도에 작고).

외모의 열등의식 속에 감춰진 낮은 자존감, 무엇이 그녀를 이렇게 만들었을까?

어릴 때 아버지는 백수에 어머니 혼자 일하면서 돈 빌리고 다니는 모습을 보고 가수를 해서 성공해야겠다고 다짐하였다. 국내에선 무명 가수였는데 예쁜 외모 덕에 일본에 진출해서 활동했다. 무대에 설 때마다 사회자가 항상 한국의 브룩쉴즈라고 소개할 정도로 예뻤는데 본인 입으로 말하길 도도한 성격이라 자신보다 더 예쁜 얼굴을 보면 (사실 본인이 더 예뻤을 텐데…) 참을 수가 없었다 한다.

가난에 대한 열등의식, 인기와 외모가 그녀에게는 자존감을 낮아지게 하는 요인이 되었다. 그 깊은 이면에는 히스테리 성격이 꿈틀대고 있었던 것이다. 히스테리 성격을 '연극적 성격' 이라고 한다. 배우들처럼 연기를 하기 때문이다. 배우가 인기를 위해 연기하듯이 히스테리 성격의 소유자도 인기를 위해 사는 사람같이 보이며, 자기에게 호감을 갖게 하려고 연기를 한다.

TV에서 토크쇼에 호스트로 나온 탤렌트가 울어 보라니까 정말 그 자리에서 눈물을 뚝뚝 흘리는 모습을 보았다. 히스테리 성격은 동정심을 사기 위해 지금 울어야 하겠다고 생각하면 금새 눈물을 철철 흘린다. 불법을 자행했던 사람이 경찰에 연행될 때 울음을 터트려 동정심을 유발하는 것과 같은 모습이다. 남편의 관심을 끌기 위해 의식을 잃고 쓰러지기도 한다.

물론, 시멘트 바닥으로 쓰러지는 경우는 없다. 농담도 잘하고 애교도 만점인 사람인데 말이다. 아이들이 부모의 관심을 끌기 위해 억지로 음식을 많이 먹고 토하는 것과 같은 심리작용이다. 히스테리 성격은 잘 웃고 잘 울기도 한다. 사람들에게 귀여움을 독차지하기도 한다. 노래 부르기도 좋아하고 사람들의 분위기를 잘 이끌어가는 무대형이기도 하다. 예술적 감각이 뛰어난 사람들도 많다. 대중 연예인들 가운데 이런 성격이 많다.

문제는 인간관계의 깊이와 지속성이 없으며, 인정받기 위해, 자존감을 유지하기 위해, 열등의식을 극복하기 위해 극단적 방법을 택하는 경우가 많다. 주로 부정적인 모습인 '중독 현상'을 가져온다. 성형 중독, 도박 중독, 섹스 중독, 게임 중독 … 심지어 헬스 중독이 되어 365일 쉬는 날만 빼놓고 늘 체육관에 가서 근육을 키우는 사람이 있다.

거기에다 더 우람한 근육을 만들기 위해 근육 주사(Intramuscular, IM)나 근육 강화제를 먹음으로 부작용을 얻기도 한다. 중독의 근원에는 비틀어진 심리가 작용하고 있다. 열등의식이 히스테리를 작용케 할 수 있다. 몇 년 전 세상을 떠난 선풍기 아줌마의 마음에는 인기에 대한 불안함, 외모에 대한 열등의식이 극단적으로 나타난 경우이다. 성형 수술 전에 먼저 마음을 치유 했어야 했다.

요즘에 성형 수술의 발달로 많은 사람들이 병원을 찾고 있다. 가장 큰 이유 가운데 하나는 '자신감 회복'이라 할 수 있다. 남에게 보이는데 있어서 또는 내면의 자신감을 갖기 위해서이다.

쌍꺼풀 수술, 가슴 수술, 주름살 제거 수술, 보톡스 주사, 아예 얼굴 전체를 바꾸는 양악 수술 등 크고 작은 수술을 하곤 한다. 중국에서는 성형 수술을 위한 관광단까지 만들어 한국에 방문한다. 한국의 연예인 사진을 가져와서 그렇게 만들어 달라고 하는 사람들도 꽤 있다고 한다.

이쯤 되면 '성형 공화국'이라는 말이 틀리지 않는 것 같다. 성형 수술을 통해 자신감을 회복할 수 있다면 문명 혜택의 큰 유익이 아닐 수 없다. 그러나 그것이 중독 현상으로 또는 끝없는 열등의식의 탈출 현상으로 나타나면 고통스런 삶을 살게 된다. 자신감을 위해 성형 수술 받는 것이 잘못된 일은 결코 아닐 것이다. 그러나 열등의식에 괴로워하는 자기 마음을 수술해야 하는 것이 먼저가 되어야 할 것이다. 자기에게는 자신만의 고유한 형태가 있음을 알고 자랑스러워 해야 한다. 다시 언급하지만 낮은 자존감으로 인해 외모 콤플렉스 가운데 나타나는 심리 유형이 히스테리이다. 이것을 치유해야 건강한 자존감으로 나아오게 된다.

정신 분석에서는 히스테리 성격이 되는 이유가 아버지에 대한 집착이라고 한다. 오이디푸스 콤플렉스의 모습이다. 남성 히스테리는 어머니에 대한 집착이 원인이 된다. 여자 아이의 경우 아버지에게 예쁘게 보이고 싶고(연예인에게 대중은 아버지이다. 대중에게 예쁘게 보이고자 하는 경우도 비슷하다), 아버지의 사랑을 독점하고 싶은 오이디푸스 욕망이 히스테리 성격의 배경을 이루고 있다.

그러나 막상 가까워지면 무서움을 느끼고 죄책감을 갖기도 한다. 히스테리 성격의 소유자들이 이성을 끊임없이 유혹하지만 막상 가까워지면 피하는 이유가 여기에 있다. 불감증이 되는 이유도 여기서 찾을 수 있다.

집착 현상이 강하지만 막상 가까워지면 관계를 단절하기도 한다.

7. 관계의 단절에는 낮은 자존감이 존재하고 있음을 인지하라!

유학 시절에 경험한 일인데 '3개월 사모님'이 있었다. 처음에는 사모들을 모으고 모임과 친교를 가지면서 무척 친하게 지낸다. 그러나 3개월이 지나면 쳐다보지도 않는다. 많은 사모가 상처를 입었다. 히스테리 성격이 그 사모님의 내면에 뱀이 꽈리를 틀 듯이 앉아 있기에 가면을 쓰고 적극적인 친분을 갖지만 싫증이 나면 언제 그랬냐는 듯이 돌아서 버린다. 그래서 '3개월 사모님'이란 별명이 붙은 것이다.

교회도 인간관계의 장이다. 히스테리 성격이 강한 사람들이 이민 교회에 상대적으로 많은 편임을 경험한다. 처음에 목사에게 관심과 사랑을 받기 위해 적극적으로, 호의적으로 베풀며 접근한다. 서너 번 식사하며 가깝게 지낸다고 생각하던 어느 날, 느닷없이 교회도 나오지 않고 오히려 목회자에 대해 안 좋은 이야기를 퍼뜨리고 다닌다. 이유는 생각지도 못한 것에서 발생한다. 일례로 자기는 감자를 소금 치며 먹는데 목사님은 왜 설탕을 쳐서 먹느냐는 식이다. 기분이 상했나는 것이다.

그리고 사랑이 없는 목사, 심지어 삯군 목자로 소문 몰이를 한다. 열등감이 열등의식으로 보여 주고, 인정받고 싶어 하는 마음이 미움으로 돌변한다. 가면을 벗는 순간 관계는 상처로 단절되어 버린다. 낮은 자존감으로 나타나는 현상이다.

8. 집착을 애착으로 전환하라

집착을 애착 정도의 수준으로 전환시켜야 한다. 집착은 일방적인 자기 주장이다. 그러나 애착은 사랑으로 감싸 안으며 상대방의 마음과 인격을 존중해 주는 것이다.

"나의 나 된 것은 하나님의 은혜"라고 바울 사도는 말씀하신다. 선천적으로 태어난 신체상의 모습은 '나'라는 실체이며 바꿀 수 없다. 그러나 얼마든지 가꿀 수는 있다. 나의 부족한 면을 집착함으로 바라보는 것이 아니라 애착을 가지고 소중하게 여기는 것을 말한다.

요즘 분재 기술이 뛰어나 작은 묘목이나 꽃나무를 화분에 분재하여 키우곤 한다. 장미나무에서 장미꽃이 나오는 것은 바꿀 수 없는 실체이다. 그러나 아름답게 가꾸기 위해 거름을 주기도 하고, 벌레가 침범하지 않도록 소독도 하며, 영양제 물을 주기도 하고, 예쁜 분재 화초를 만들기 위해 가지치기나 다듬는 것은 얼마든지 할 수 있다.

얼굴의 뜻은 무엇인가?

순 우리말로써 '얼'은 혼 또는 영혼이며, '굴'은 통로이다. '영혼의 통로'이다. 그러므로 어떤 마음을 갖느냐에 따라 우리의 얼굴을 새롭게 만들어 갈 수 있다. 40대에는 얼굴에 책임을 져야 한다는 말이 있다. 마음을 곱게 먹고, 진선미와 영혼을 사랑하고, 자기 자존감과 자신감을 높이면 얼굴에서 하얀빛을 뿜을 수 있다. 외모의 근본은 바꿀 수 없지만 외모의 인상은 얼마든지 바꿀 수 있다.

어떤 사람은 누가 봐도 잘 생겼고 예쁘다. 하지만 얼굴빛이 어둡고 편안하지 않다. 어떤 장애인은 온몸과 얼굴이 일그러져 있고 고통스러운 모습에 안쓰럽기까지 하다. 그러나 얼굴에 미소가 가득하고 환한 빛이 난다. 아름다움이 담겨 있다. 자존감을 높이면 외모 열등의식을 아름다운 창조 의식으로 얼마든지 바꿀 수 있다. 얼마든지 자존감을 회복할 수 있고 열등감을 극복할 수 있다.

유아기의 부정적 경험을 통해 형성된 열등감, 가난과 외모 콤플렉스도 극복할 수 있다. 조건에 상관없이 자기를 좋아하고 인정해 주는 경험을 반복하면 낮은 자존감을 회복할 수 있다.

이러한 열등감을 극복할 수 있는 치료에는 앞에서 언급한 '인지행동치료'가 있다. 사람들의 느낌이나 감정을 결정하는 것은 그 상황 자체가 아니고 그들이 그 상황을 해석하는 방식에 달려 있다는 것이다. 즉, 긍정적인 생각으로 매일 꾸준히 반복하면 열등감에 의해 왜곡된 사고가 합리적으로 변하는 것이다. 극복 경험을 반복하다 보면 치유가 일어나게 난다.

9. 열등의식(열등 환경)을 창조의식(창조 환경)으로 바꾸라(요셉)

요셉은 아버지 야곱으로부터 모든 사랑을 받았던 아들이다. 그러나 형제들의 시기와 미움으로 죽음의 구덩이에 던져졌고, 가까스로 살아나 이집트의 노예로 팔려 간다. 총명하고 지혜가 많았던 요셉은 이집트(애굽)의 고위 관료 집에 팔려 갔고 모함을 받아 감옥까지 간 인물이다. 수많은 역경을 이겨 내고 30세에 국무총리의 자리에 올랐다. 당시 족장 시대의 보잘것없는 아들이 거대 국가 애굽의 총리가 된 것이다.

가족으로부터 이별과 형제로부터의 배신, 혈혈단신의 이민자요 노예로서 그는 얼마나 심한 열등 환경을 가졌을까?

충분히 짐작할 수 있다. 종족과 문화, 경제적 상황, 언어, 가정 … 모든 환경이 낯설었고 열등한 환경이었다. 자존감이 무너질 수 있는 환경이었다. 그러나 요셉은 현실을 인정하고 성실함으로 살았다. 열등 환경을 창조 환경으로 바꿀 수 있도록 애굽의 모든 문화를 습득하며, 성실과 정직으로 인정받는 사람이 되었다. 꿈을 포기하지 않았다.

그것은 하나님이 주신 비전이었다. 때가 되면 하나님께서 형제들이 머리를 숙일 것이며, 하나님은 자기를 통해 이스라엘 족속을 번창케 하고 하나님의 축복을 후손에게 주실 것을 믿었다. 결국, 애굽의 총리가 되어 후에 가족들을 가뭄에서 구원함으로 용서와 화목 그리고 구속의 역사를 이루는 데 중요한 역할을 감당하였다.

열등의식을 이기는 건강한 자존감, 그는 미래의 꿈을 포기하지 않았고, 마음속에 하나님의 꿈을 늘 새겨 두고 확인하였으며, 성실과 정직함, 선천적으로 주신 지혜로움과 기질과 성격에 있어 훌륭한 인격으로 용서와 포용, 자신에게 주어진 좋은 달란트를 활용하여 모든 열등 환경을 이겨 나갈 수 있었다.

제3장
인지행동치료를 통한 자존감 업그레이드

'인지행동치료'는 1960년대 초 미국 펜실베니아대학교의 아론 벡(Aaron T. Beck) 교수에 의해 고안된 치료법으로 근래에는 효과적인 정신 치료법으로 인정되면서 임상적 적용 범위가 넓어지고 있다.

사람들의 느낌이나 감정을 결정하는 것은 그 상황 자체가 아니고 그들이 그 상황을 해석하는 방식에 달려 있다는 것이다. 즉, 잘못된 생각의 원인을 알고 긍정적인 생각으로 매일 꾸준히 반복하면 열등감에 의해 왜곡된 사고가 합리적으로 변한다. 극복 경험을 반복하다 보면 치유가 일어나게 되어 있다. 어떤 사건과 생각을 매일 적으면 그 사건이 객관화가 된다. 적다 보면 치료가 된다. 그래서 일기를 쓴다든지, 요즘 교회에서 강조하고 있는 매일 QT를 권장하고 싶다.

다음과 같이 적어 보도록 한다.

사건 : 오늘 교회에 갔다. 처음 보는 사람인데 인사를 하려고 했더니 지나쳤다.

왜 나를 무시했을까?

감정과 떠오른 생각 : 몹시 기분이 상했다. 내가 학벌이 좋지 않은 것을 알고 있지 않았을까 하는 생각이 들었다.

아마 내가 일류 대학을 나왔으면 과연 저 사람이 나를 이렇게 무시했을까? 이런 생각도 들었다.

합리적 비판과 수정 행동: 그 사람이 나의 학벌을 알 리가 없다. 아니, 그 사람이 나를 못 보고 지나칠 수도 있고, 오히려 어색해서 그럴 수도 있을 것이다. 이건 오해일 수 있다.

아니면 오히려 한번 더 적극적으로 반갑게 인사하는 내 모습이 되어야 하지 않을까?

또 알면 어때?

내가 잘못해서 못 배운 것도 아니고, 가방 끈이 짧다고 다른 사람들보다 열등한 건 아니잖아?

그대신 오늘도 내 생활에 유익한 것을 배우도록 하고 즐기도록 하자! 이렇게 생각을 바꾸는 것이다.

이러한 일기 형식으로 쓰는 것도 좋은 방법이며, QT를 통해 하나님의 세미한 음성을 듣는 것도 좋은 방법이다.

제4장
사회 공포증을 이기는 자존감

　지금은 하늘나라에 계신 어머님의 일화이다. 교회의 일꾼이며 새벽마다 기도하시고 모든 농사와 집안 일을 감당하신 어머님이시다. 마을 사람들로부터, 교회 성도들로부터 존경받는 천사와 같은 어머님이셨다. 그런데 어머님이 주일 예배를 빠질 때가 1년에 두세 차례 있으셨다. 그것은 '대표 기도'를 하는 주일예배 날이다. 사람들과 이야기를 잘 하시고, 상담도 잘 하시는 어머님이지만 사람들 앞에 서면 심장이 터질듯한 불안과 고통, 숨이 가빠지고 진땀이 난다는 것이다.
　대표 기도를 빼 달라고 그렇게 부탁했지만, 목사님의 요청에 No도 못하고 가슴앓이하다가 결국 기도하는 주일이 되면 예배까지 빠지는 불안을 경험하곤 하셨다. 정신의학에서 말하는 '사회 공포증'(social phobia)이라고 부른다. 대중 앞에 서기를 병적으로 두려워하는 것이다. 이 반면에 아버지는 남들 앞에 서기를 매우 좋아했다. 특별히 술을 드시면 온 동네를 뒤집어 놓으실 정도로 사람들을 찾아다니며 술과 교제(?)를 나누셨다. 그런데 술이 깨고 정상적으로 돌아오시면 대인 기피증일 정도로 사람들을 극도로 피하시곤 했다. 조울증과 분노 조절 장애를 가지고 계셨다.

언제 한번은 미국에 사는 동역자의 여자 친구가 방문한 적이 있었다. 아버님은 미군 부대에 다니셨기 때문에 영어를 매우 잘 하시는 분이셨다. 미국에서 온 자매님이 온다니까 갑자기 밖을 나가 한참 후에 오셨다. 술 냄새를 풍기면서 … 술을 드시면 한국말, 영어 등이 술술 나오신다.

어디 갔다 오셨냐고 하니 미국에서 오는 자매가 온다고 하니 떨려서 술 마시러 갔다 왔다고 하셨다. 술의 힘이 아니면 사람 만나는 것도 편하지 못하신 것이다. 이 또한 '사회 공포증'이 다수 앞의 공포라면 개인 관계에 있어서 공포증을 느낀다면 이는 '대인 기피증'이다.

어머님과 아버님의 상충된 성격을 보면 이는 무의식에 숨어 있는 어떤 갈증이 원인이 되어 이런 심리 현상을 만들어낸다. 물론, 이런 경험은 정도의 차이가 있을 뿐 누구나 경험할 수 있는 일이다. 통계에 의하면 전체 인구의 1퍼센트가 이러한 '사회 공포증' 또는 '대인 기피증'에 시달리고 있으며, 정신과 외래 환자의 3퍼센트 정도가 여기에 속한다고 한다.

미국에서도 이러한 상황이 심각하다. 이들은 '외로운 늑대'(lone fox)가 되어 숨어 지낸다든가 가끔 사회적인 큰 범죄를 저지르기도 한다. 우스갯소리로 미국에서 돈 버는 최고의 직종은 정신과 의사 라는 말이 있다. 수많은 사람이 정신 신경 계통의 약을 복용하고 있음을 충분히 짐작할 수 있다.

대중 앞에 노출되었을 때 왜 공포증을 느끼게 될까?
사람을 만날 때 왜 불안과 기피 현상이 병적일 정도로 심할까?
왜 혼자만 고립되어 우울증과 대인 기피증으로 고통받을까?

여기에는 열등감과 낮은 자존감이 내면 깊이 숨어있음을 인지해야 한다.

"사람들 앞에서 나는 분명히 실수할거야.

그러면 사람들이 비웃고 조롱하고 손가락질 하겠지?

그런 모욕감과 창피함을 난 견딜 수 없어."

"내 외모를 비웃고 있는걸 난 충분히 알 수 있어. 그러니 난 사람들 앞에 나타나지 않을 거야."

"날 무시하겠지?

돈이 없어서 그렇구나."

이러한 이유들을 대며 상상의 세계로 노이로제 상태로까지 진행됨을 본다.

이러한 모습에서 탈출구는 없는 것일까?

아니다. 분명히 있다. 그것은 '자존감을 회복시키는 일'이다.

나를 냉정하게 되돌아 보라. 『내 안에 울고 있는 나를 보라』는 책이 있다. 어렸을 때 버려진 기억, 부모의 학대에 자학과 분노가 일상이 된 자기 모습, 형제 간에도 형보다 못한 아우이기에 차별과 열등감을 경험한 경우이다. 왜 이런 일들이 생성되었는지, 그것들이 왜 강화되었는지 자기를 들여다보는 것이다. 무의식 가운데 형성된 열등감과 낮은 자존감의 원인을 의식적으로 살펴보는 것이다.

두려움에는 근거가 없는 것이 대부분이고, 근거가 있으면 자신감을 회복시켜야 한다.

'나는 나일 뿐이야. 너무 잘나 보일 필요도 없고 그렇다고 열등감에 빠질 필요도 없다. 너무 작아지지 말자'라고 생각을 고쳐 먹는 것이다. 스스로 자존감을 높여 주어야 한다.

사도 바울은 외모도, 언변도, 건강도 사람으로부터 조롱 당할 정도로 심히 어려움을 당했다. 그 속에서 그의 건강한 자존감을 볼 수 있는데 두 가지의 중요한 말을 언급한다.

첫째, 나의 나 된 것은 하나님의 은혜다(고전 15:10).
둘째, 약한 그때에 곧 강함이니라(고후 12:10).

강한 자신감과 건강한 자존감을 엿볼 수 있는 대목이다. 나는 나다. 남보다 못한 것도 있을 수 있지만 남보다 잘하는 것도 분명히 있다. 나의 존재를 하나님이 인정해 주시는데 사람들로부터 인정받지 못하는 부분이 있다면 자신감으로 극복하면 된다.

오히려 약한 자기 모습을 말씀과 성령의 힘으로 극복할 수 있다는 확신과 자신감, 끊임없는 마음의 쉬프트(shift)를 변환시키면 된다. 이것이 정신병적으로 진행된다면 약물 치료와 심리 치료를 받을 필요가 있다.

제5장
자존감과 열등감에 대한 성경적 주장

이 대목에서 잠시 '자존감과 열등감에 대한 성경적 주장'을 살펴보기로 하자.

열등감을 극복하고 건강한 자존감의 회복을 위해 먼저 살펴보아야 할 자세로 신학과 심리학의 통합의 관점에서 접근하는 것이다. 좀 딱딱하고 이해하기에 어려운 부분이 있더라도 자세하게 정리할 필요가 있다.

자존감이란 단어는 우리의 언어에서 자아상(Self-Image)과 자아 개념(Self-Concept)이라는 뜻과 함께 자주 사용된다. 자아상과 자아 개념은 우리가 가지고 있는 우리들 자기 정신적 그림과 같은 것이다. 그 그림은 대개 성격 특질, 장점, 약점, 능력 그리고 신체적 특징 등의 목록들을 포함한다.

그러나 자존감의 의미는 약간 다르다고 할 수 있다. 이 뜻은 개인이 각자의 가치, 능력 그리고 의미를 만드는 평가라고 할 수 있다. 자아상과 자아 개념은 자기 묘사를 의미하는 것이지만, 자존감은 자기 평가를 의미하는 것이다. 물론 이러한 단어들은 그 의미가 서로 중첩되어 사용하기도 하는데 종종 '좋은', '나쁜', '긍정적인' 또는 '부정적인' 이라는 형용사와 함께 사용되고 있다.

그래서 좋은 자아 개념을 가진 사람들은 '유능한, 자신 있는, 인내심이 강한' 등과 같이 바람직한 단어들을 사용해서 설명하는 경향이 있다. 요즘 많이 회자되고 있는 긍정적 사고방식에서 강조하고 있는 긍정적인 자존감의 사용은 이러한 단어들을 설명하고 있는 것이다.

긍정적인 자존감을 가지고 있는 사람들은 자기가 훌륭하며 유능하다는 평가를 가지고 있지만, 자존감이 낮은 사람들은 그 반대의 성향을 드러내고 있다. 그들은 자기에 대해 부정적인 견해를 가지고 있고, 자기가 무능하고 가치가 없으며 열등한 존재라고 믿는다. 이 모든 자아 인식(Self-Perception)은 우리들의 마음 가운데 자리 잡고 있다.

이러한 자아 인식은 종종 우리들의 경험에서 나온 결과이거나 다른 사람들로부터 듣는 의견들에 따라서 바뀌기도 한다. 하지만 우리가 합당하지 않은 증거에도 불구하고 간혹 자아 인식은 우리의 의식 속에 깊이 스며들어 견고하게 유지된다. 우리가 어떻게 생각하고, 어떻게 행동하고, 어떻게 느끼고, 어떻게 미래를 위해 계획하고, 어떻게 다른 사람들에게 자기가 보이는지에 대해 자아 인식은 항상 영향을 미친다.

좋은 자아상과 긍정적인 자존감(Self-Esteem)의 중요성은 정신건강 전문가들을 통해 적어도 미국과 캐나다에서는 거의 보편적으로 받아들여지고 있다. 따라서 심리학자 칼 로저스가 강조한 "자기 가치(Self-Worth)의 중요성과 무조건적이며 긍정적인 존중"에 대해 귀를 기울일 필요가 있다.

이러한 생각이 비록 인본주의 이론가들의 주장이라 복음주의 계열에서는 무시하는 경향이 있지만 "사람들이 자신을 믿는 것과 자신을 돌보는 것, 그리고 자존감을 갖는 것"에 많은 영향을 주고 있다는 것을 인정하지 않을 수 없다.

왜냐하면, 모든 사람은 깊이 뿌리 박힌 열등감의 문제를 가지고 있다는 것을 파악했고, 그 해결을 주고자 노력했기 때문이다. 긍정적인 자아 개념이 절대적으로 필요하다는 것을 보여 주었다. 이러한 견해들이 아동들의 자존감을 강조하는 학교에서, 직장에서, 텔레비전에서, 심지어 교회에서조차 두드러지게 강조되고 있는 것이다. 대표적인 사람은 미국의 로버트 슐러 목사와 조엘 오스틴 목사를 들 수 있다. 이들은 기독교인 뿐만 아니라 비기독교인에게 열등감을 극복하고 건강한 자아상, 자존감을 회복하는데 크게 일조하였다. 그런데도 우리는 열등감을 극복하고 건강한 자존감을 세우기 위한 성경적인 방법을 추구할 필요가 있다.

열등감의 극복과 자존감의 견고한 수립을 위한 주제는 많은 기독교인들을 열띤 논쟁으로 이끈다. 이 주제에 대해 아직도 논쟁은 이어지고 있다. 기독교 상담학자 제이 아담스(Jay Adams)는 자존감, 자기애, 자아상과 같은 단어들에 대해 강한 비판을 한다. 왜냐하면, 성경은 자기 가치와 자아 긍정보다는 인간의 죄악과 자기 부인적(Self-Denial) 금욕에 초점을 맞추고 있다고 생각하기 때문이다.

사도 바울의 "나는 죄인 중의 괴수요, 나는 날마다 죽노라" 등의 표현이 바로 이 주장을 대변한다. 그래서 폴 비츠(Paul Vitz)의 주장처럼 "심리학을 자기 숭배에 기초한 새로운 종교"라고 불렀다.

그러나 데이비드 칼슨(David Carlson)의 이론과 이를 옹호하고 있는 기독교 상담학자 게리 콜린스의 주장에 귀를 기울임으로 신학과 심리학의 통합을 통한 치료, "열등감 극복과 자존감 회복"의 접근을 꾀할 필요가 있다. 성경적 개념과 심리학적 개념을 동시에 이해함으로 우리는 열등감을 극복하고 건강한 자존감을 회복할 수 있는데 다음의 세 가지가 필요하다.

첫째, 나 자신은 사랑스럽고, 귀중하며, 능력 많으신 하나님의 자녀라고 받아들인다.

둘째, 나 자신을 세상의 중심에서 포기하기를 작정한다.

셋째, 하나님의 용서와 회복의 필요성을 인정한다.

나는 매우 훌륭하고, 지혜롭고, 강하고, 최고라고 생각하는 인본주의 심리 방식에서 "나는 하나님의 형상으로 만들어졌고, 하나님의 은혜로 죄에서 용서받았고, 그리스도의 지체로서 중요한 부분을 맡고 있다"라고 바꿈으로 열등의식에서 탈피하고 건강한 자존감으로 회복될 수 있는 것이다.

필자가 가장 좋아하는 성경 구절, 스바냐 3:17을 다시 선물하고 싶다.

> 너의 하나님 여호와가 너의 가운데 계시니 그는 구원을 베푸실 전능자시라 그가 너로 인하여 기쁨을 이기지 못하여 하시며 너를 잠잠히 사랑하시며 너로 인하여 즐거이 부르며 기뻐하시리라 하리라(습 3:17).

하나님이 우리에게 구원을 베푸시는 전능자가 되실 뿐 아니라, 죄와 열등한 존재인 나로 인해 오히려 기쁨을 이기지 못하시고, 지극히 사랑하시며, 인정해 주시고, 나로 말미암아 하나님이 즐거이 찬가를 불러 주시다니 ….

이런 충만 의식이 내가 열등의식에서 회복되고 건강한 자존감과 창조 의식으로 살 수 있는 능력이 되지 않을까?

사람에게는 많은 상처와 아픔이 있다. 죄도 있다. 이것을 예수 그리스도께 맡기며 죄책을 전가하는 것이다. 그것이 바로 십자가이다. 십자가는 우리의 죄와 상처와 열등함을 대신 지시고, 모든 저주를 껴안으시고 십자가에 달려 죽으신 것이다. 이를 믿는 자에게 주어지는 것이 바로 부활의 약속이며 소망이다. 부활은 우리에게 회복과 미래의 새로운 창조적 삶을 제공해 준다.

십자가는 또한 하나님의 완전한 사랑을 표현한다. 인정받고 사랑받고 싶어하는 현대인들, 언제나 십자가를 생각하며 우리를 사랑하시는 하나님의 완전한 사랑을 십자가에서 발견한다면 우리도 헨리 나우웬의 말처럼 '상처 입은 치유자'가 될 수 있다. 건강한 자존감으로 거듭 날 수 있다.

자존감과 열등감은 관점의 문제다. 자기가 소중하며 어떤 일이든 해낼 수 있다는 자신감을 가졌을 때 자존감이 높아진다. 외적인 조건의 문제가 아니라 자기를 바라보는 관점의 문제다. 가난과 낮은 학력이라 할 지라도, 외모가 잘 나지 않았다 할지라도 자존감이 높은 사람은 떳떳하고 당당하지만 열등감을 가진 사람은 수치스럽고 창피하게 여긴다.

다음은 자존감이 높은 사람들의 특징 세 가지이다.

첫째, 자기 신체에 대한 만족도가 높으며, 자기 눈, 코, 체중을 마음에 들어 하며 잘 가꾼다.

둘째, 남의 감정을 파악하는 공감 능력(EQ)이 높아서 상대방의 평가에 객관적이고 합리적으로 대처할 수 있으며 대인 관계가 원만하다. 나아가 영적 능력(SQ, spiritual quotient)을 함양할 때 큰 영향력을 끼칠 수 있다.

셋째, 자신감 있고 변화에 잘 대처하는 좋은 리더가 된다. 미래에 대해 긍정적이고 희망적이기 때문에 성공 경험도 많이 한다. 관계는 '관점의 차이'에서 그 결과가 확연하게 달라진다.

다윗과 골리앗의 싸움은 삼척동자도 아는 성경 이야기이다. 다윗의 관점의 차이가 승패를 갈랐다. 골리앗은 283센티미터의 거인이다. 수십 킬로미터 그램의 창과 갑옷을 입었다. 어느 하나 약점을 찾아볼 수 없는 장군이었다. 이에 맞선 사울왕과 모든 병사, 다윗의 형들마저 숨을 죽이며 두려움에 머리도 내밀지 못한 상황이었다.

그런데 소년 다윗은 양을 치면서 사자와 늑대를 물리쳤던 막대기와 물맷돌 다섯 개를 가지고 나아간다. 다윗의 눈에는 골리앗은 양을 칠 때 쫓던 한 마리의 짐승에 불과했다. 싸움은 단번에 다윗의 승리로 끝났다. 이 싸움의 승패는 겉으로 보이는 것이 아니라 승리자의 관점과 패배자의 관점의 차이였다. 골리앗은 세상에서 가장 무서운 무기를 가지고 나왔으나, 다윗은 만물을 창조하신 하나님의 말씀을 가지고 나아갔다. 유한한 능력을 의지한 골리앗의 인간적 관점과 무한한 능력의 근원이신 하나님을 향한 믿음의 관점이었다.

열등감을 바라보는 유한한 인간의 관점으로 보지 말고, 풍성함과 능력의 근원이신 하나님의 관점으로 보면 문제에서 충만의 모습으로 승리할 수 있다. 인생의 행복을 앗아가고, 열등의식, 상처 의식, 관계의 고통, 우울증 속에 허덕이는 모습 속에는 무의식적으로 습관처럼 스며든 "부정적 자존감"이 형성되어 있기 때문이다.

이를 정신 분석 용어로는 '자아 동질적'(ego syntonic)이라 부른다. 그래서 어떤 상황에 부딪치면 거의 자동적으로 패배의식이나 열등의식, 도피함으로 빠진다. 세상은 푸른데 검은 선글라스를 끼고 세상이 온통 검게 보이는 것과 같은 이치다. 그러므로 자신이 자기를 어떻게 보느냐, 혹은 남이 나를 어떻게 보느냐 그리고 내가 남을 어떻게 보는지의 관점에 '긍정적 자존감', '건강한 자존감'의 시각을 가질 필요가 있다.

이무석 박사는 이렇게 질문한다.

"후천적 조건에 의한 열등감, 어떻게 극복할 수 있을까?"

이 질문에 대해 다음과 같은 열등감 극복에 대한 해법을 나의 의견을 덧붙여서 제시해 본다.

1. 능력 열등감

유년기에 패배 경험은 없는지 조용히 자기를 성찰하고 분석해 볼 필요가 있다. 그리고 완벽하지는 않지만, 부족한 부분을 노력으로 채우며 산다면 그것이 건강한 인생이다. 똑같이 노력해도 다른 사람과 비교할 때 능력 열등감에 빠질 수 있다. 내 능력이 거기까지라면 그것은 내 잘못이 아니다. 능력이 부족하다고 패배한 인생이 되란 법은 없다. 얼마든지 성공하며 행복할 수 있다. "네 은혜가 내게 족하도다"의 사도 바울의 말씀을 새겨들을 필요가 있다.

2. 가난 열등감

먼저, 자신이 가난하다는 것을 인정해야 한다. 그리고 가난에 집중하지 않고 인생의 목표를 정하고 이를 이루기 위해 몰두하는 것이 열등감 극복의 좋은 방법이다.

3. 학벌 열등감

학력이 낮다고 열등감을 가지는 사람은 '내 학력이 창피해'가 아니고, 실은 '나는 창피한 인간이야'가 문제의 핵심이다. 학벌 열등감으로 고통이 심하다면 학교에 가는 것도 좋다. 그런데 근본적인 치료법은 학벌 한 가지로 자기를 평가하지 않고 자신을 전체적으로 평가하는 것이다.

50대 이후에 동창들을 만나면 '학력의 평준화'가 이뤄졌음을 본다. 대화의 소재가 자식, 은퇴, 건강, 돈 … 학벌이 차이가 나도 대화가 술술 진행되는 것을 보면 학벌 열등감에 빠질 이유가 없다. 학벌이나 공부가 사회적, 경제적으로 어느 정도 영향을 미칠 수는 있지만 성공한 친구들을 보면 꼭 학벌이나 공부가 절대적이지 않았음을 많이 본다.

4. 실직과 자존감

실직으로 우울하고 앞길이 막막해도 자존감을 잃어서는 안된다. 실직으로 인한 아픈 경험을 능동적으로 극복하고 나면 스스로 자랑스럽게 느껴지고 자존감은 더욱 높아진다. IMF때 많은 사람이 자살이나 자괴감으로 인생을 포기하기도 했다. 그 어려움과 고통은 이해하지만 절망할 필요는 없다.

두 가지 명언을 기억하자. 뉴욕 양키스의 전설적인 포수 요기 베라의 "끝날 때까지 끝난 게 아니다"(It ain't over till it's over)와 <바람과 함께 사라지다>의 스칼렛 오하라가 모든 것을 잃어버린 상황에서 석양의 노을을 바라보며 "내일은 내일의 태양이 떠오른다"라는 희망과 도전을 선포한

의연한 고백이다. 이와 같은 명언들을 마음에 담도록 하자.

5. 성폭행이나 왕따 같은 트라우마로 인한 열등감

아픈 현실이지만 이렇게 결심해 보자.

> 왜 하필 내 인생에서 이런 일이 일어났는지 이해할 수 없고 분하다. 그러나 이런 고통스런 상황이 나에게 닥쳐진 것을 인정하겠다. 그렇지만 더 이상 이 문제로 내 인생을 낭비하지 않겠다.

이렇게 생각을 바꾸는 것이다. 또 한편으로 '몸에 상처가 낫듯이 고통스러운 상처가 되었을 뿐이야. 내 몸, 마음, 자존감은 결코 앗아갈 수 없어, 상처는 치료하면 되는 거야'라는 마음을 가지고 마음의 치유를 갖는 것이다.

위의 모든 열등감과 부족함, 아픔을 이길 수 있는 가장 좋은 방법을 제시하고자 한다. 그것은 십자가를 지고 골고다 언덕길을 오르시며, 채찍에 맞으시고, 못 박히시고, 피 흘리심으로 돌아가신 예수 그리스도께서 우리의 모든 사망과 죄악, 우리의 아픔과 고통, 열등감, 낮은 자존감, 상처를 대신 갚아 주시고 치유해 주셨다는 것을 믿는 것이다.

> 그는 실로 우리의 질고를 지고 우리의 슬픔을 당하였거늘 우리는 생각하기를 그는 징벌을 받아 하나님께 맞으며 고난을 당한다 하였노라. 그가 찔림은 우리의 허물 때문이요 그가 상함은 우리의 죄악 때문이라 그가 징계를 받음으로 우리는 평화를 누리고 그가 채

찍에 맞음으로 우리는 나음을 받았도다(사 53:5-6).

예수님의 십자가 사건은 우리의 허물(죄악, 연약함, 부족함, 실패와 실수 등) 때문인데 대신 하나님의 징벌을 받으심으로 하나님과 우리 사이, 나와 이웃 사이, 나와 나 사이에 평화가 임하도록 하셨다. 그 분이 채찍에 맞으심으로 우리는 나음(치유와 회복)을 받았다는 것을 깊이 깨달아야 한다. 우리의 허물을 그에게 전가하고(맡기고), 십자가에서 단번에 이루신 그 분의 치유 손길을 믿는다면 자존감이 회복되고 열등감에서 해방될 것이다.

Our Journey to Self-Esteem

제6장
기질 업그레이드를 통한 자존감 향상

사람의 기질과 자존감과는 무슨 상관이 있을까?

기질과 성격 그리고 인격과는 어떤 연관성이 있을까?

기질을 잘 알고 파악하면 자존감이 높아지고, 성격과 인격이 성숙해질 수 있다. 인간의 행동을 이해하기 위해서는 그들에게 제공된 과거의 경험이나 교육 환경 못지 않게 각 개인의 독특한 특성이 고려되어야 한다.

1. 기질, 성격 그리고 인격이란 무엇인가?

기질이란 인간이 태어날 때부터 세상에 가지고 나온 본래적인 특성, 곧 개인의 욕구, 소질, 재능과 같은 것으로 교육이나 성장 환경에 의해서도 바뀌지 않는 타고난 특성이라고 말할 수 있다.

이에 반해 성격은 교육과 성장 환경에 의해 만들어지거나 바뀌어 질 수 있는 학습된 행동이다. 기질이 타고난 개인적 본성에 의한 것이라면, 성격은 타고난 환경과 상황적 환경으로 형성된 자아의 특성이라 할 수 있다.

인격은 기질과 성격을 바탕으로 형성된 외부로 나타내고자 하는 자기 모습, 즉 '사회적 자아'라고 말할 수 있다. 인격은 '가면'을 쓰고 나타나는 것이기 때문에 얼마든지 꾸미거나 치장하여 나타날 수도 있다. 그래서 인격을 성숙하게 성장할 수 있도록 노력해야 한다. 기질과 성격, 인격의 상관 관계에 대해 이무석 박사가 쓴 예를 들어보자.

A와 B는 일란성 쌍둥이다. 똑같은 엄마의 배에서 똑같은 환경 속에서 태어났다. 그런데 A는 아기 때부터 유독 노란색을 좋아했다. 장난감도 노란색 장난감을 손에 들면 해맑게 웃는다. 하지만 빨간색이 쥐어지면 눈물을 터트린다. 형인 A 안에는 노란색을 좋아하고 빨간색에 대한 거부감을 가지고 있다. 학습에서 나온 것이 아니다. 주변 환경에서 얻어진 것도 아니다. 그냥 노란색을 타고날 때부터 좋아하는 것이다. 이것을 기질이라 한다.

이에 반해 B는 빨간색을 유난히 좋아한다. 똑같은 장난감도 빨간색을 선호하며 택한다. 노란색에 대해서는 별 반응이 없다. B의 기질의 특성이다.

그렇다면 성격은 무엇인가?

A와 B는 똑같은 학교, 같은 반, 같은 자리에서 교육받았다. 미술 시간에 화병 안에 여러 색깔의 꽃을 담고 정물화를 그리라고 했다. 유독 노란색을 좋아했던 A와 빨간색을 좋아했던 B는 똑같은 색깔로 그릴 수가 없었기에 색깔을 섞기도 하고, 다른 색깔도 칠하며 꽃을 그렸다. 미술 선생님이 색깔을 혼합하는 방법을 가르쳐 주었기에 그들은 다른 색깔을 좋아하지는 않았지만, 학습과 교육을 통해 색깔을 혼합해 검정도 만들 수 있었고, 하얀색도 만들 수 있었다. 원래 그들이 좋아하는 색깔은 변하지 않았다.

그러나 교육과 학습을 통해 그림 그릴 때는 포용적 성격으로 성장한 것이다. 타고난 환경에서의 기질과 상황적 환경 속에서 조화를 이루며 판단할 수 있는 성격으로 성장한 것이다. 물론 온통 노란색이나 빨간색으로 꽃들을 그릴 수도 있다. 그러면 그들의 성격은 다른 색깔을 보면 분노하거나 거부하는 부정적 성격으로 나타날 수도 있다. 그래서 부모의 양육과 가르침은 성격 형성에 지대한 영향을 주기에 잘 가르치며 지혜롭게 키워야 한다.

인격이란 기질과 성격을 바탕으로 형성된 외부로 나타내고자 하는 자기 모습이다.

형인 A는 동생 B가 빨강색을 좋아한다는 것을 알고 그의 생일날 빨강색 장미를 선물해 주었다면 그것은 훌륭한 인격이 되는 것이다. A 자신은 싫어하는 색깔이지만 동생을 배려하며 사랑하는 마음으로 상대방이 좋아할 일을 행하며 나타나는 행동, 성숙한 인격이라 할 수 있다.

만약 인격이 좋지 않다면 이렇게 말할 것이다.

"왜 너는 빨강색을 좋아하니?

우리 집에는 그 색깔을 좋아하는 사람이 전혀 없는데 참 별종이구나!"

노랑색 장미를 사 왔다면 성숙한 인격이라 할 수 없다.

2. 기질의 유형과 이해

1927년에 알프레드 아들러는 히포크라테스의 네 가지 기질의 색깔을 사교적인 기질(Sanguine, 다혈질), 지배하려는 기질(Choleric, 담즙질), 독립적인 기질(Melancholic, 우울질) 그리고 냉정해지려는 기질(Phelgmatic, 점액질)이라고 했다. 기질 이론을 인간의 상호관계 안에서 체계화시킨 사람은 리다드 G. 아르노 박사이다. 그는 기질 이론이 하나님이 각 사람을 위해 목적하고 계획해 놓은 자기 위치를 발견할 수 있도록 도와준다고 생각했다.

왜 자기 기질을 아는 것이 중요할까?

모든 기질에는 장·단점이 있다. 기질이 그 사람의 성격을 형성하는데 중요한 역할을 감당하기도 한다. 물론 성격은 주변의 상황과 교육에 따라 형성되지만 기질적 성격을 무시할 수 없다. 기질은 또한 자존감 형성에 많은 영향을 미칠 수 있기 때문에 기질을 아는 것은 대단히 중요하다. 기질을 연구함으로 행복 이론을 펼치기도 한다.

리차드 G. 아르노 박사의 기질 유형은 다섯 가지로 분류된다.

나의 기질은 어떤 타입이며, 어떤 특성을 가지고 있을까?

의존적인 기질(S 타입, Supine)	사교적인 기질(다혈질, SE타입, Sanguine)
1. 의존적, 안정적	1. 사교적, 쾌활하고 명랑함
2. 내성적이나 외부 지향성을 가짐	2. 외향적
3. 관계와 일을 중요시함	3. 관계 중심적
4. 봉사적, 협조적	4. 감정적, 감각적
5. 희생적	5. 낙천적, 긍정적
6. 자기 방어적	6. 열정적
7. 인정의 욕구가 강하다.	7. 폭발적
8. 의지력이 약함	8. 과장하려는 경향
9. 거절에 대한 두려움	9. 거절에 대한 두려움
10. 소극적(자기를 표현하지 않는다)	10. 집중력이 약함
	11. 의지력이 부족

독립적인 기질(우울질, Melancholy)	지배하려는 기질(담즙질, Choleric)
1. 독립적	1. 주도적
2. 내성적	2. 선택적인 외향성
3. 일 중심적	3. 일 중심적/목표 지향적
4. 계획적	4. 지적인 에너지
5. 가족 중심적	5. 낙천적
6. 창의적	6. 굳건함과 완고함
7. 신뢰성과 책임감	7. 신뢰성과 책임감과 리더십
8. 완벽주의	8. 완벽주의와 자기 중심적
9. 거절에 대한 두려움	9. 비판적
10. 부정적	10. 폭력적

냉정해지려는 기질(점액질, P타입, Phlegmatic)의 욕구와 특성들

1. 냉정함 2. 안정적 3. 일 중심적 4. 계획적 5. 인내심 6. 견고하고 완고함
7. 평화주의자, 중재자 8. 완벽주의자 9. 비판적 10. 이기적 11. 느리게 행동함

    기질은 사람이 태어날 때 하나님으로부터 받은 본래적인 자기의 모습 곧 욕구, 소질 그리고 재능과 같은 타고난 특징이다. 그것은 환경에 의하여 형성되는 성격과도 다르고 사회적으로 자기를 나타내고자 하는 자기 모습인 인격과 다르다. 밖으로 드러난 행동을 가지고 사람을 이해했다고 할 수 없으니 인격을 형성하고 있는 성격과 더 근원적인 본질인 기질을 알게 될 때 비로소 인간의 모습을 충분히 이해할 수 있다고 말할 수 있다.

    따라서 건강한 자존감, 행복한 관계를 갖기 위해서는 먼저 자기 기질을 알고 상대방의 기질을 알 때 좋은 관계를 가질 수 있다. 기질을 알면 여러 환경에서 어떻게 반응하며 어떻게 환경에서 오는 스트레스를 극복할 것인가를 알 수 있는데 큰 도움을 준다.

나는 전형적인 '사교적인 기질'(S타입, Sanguine)이다. 장점으로는 사교적, 쾌활하고 명랑함, 외향적, 관계 중심적, 낙천적, 긍정적, 열정적 등을 꼽을 수 있다. 그러나 단점으로는 감정적인 경향이 많기에 오해를 사는 경우가 있고, 실수를 범할 때가 있다. 다혈질이기 때문에 쉽게 화를 냄으로 아내와 아이들에게 상처를 주었다. 과장하려는 경향이 있으며, 인내와 의지력이 부족함을 느낀다.

그렇다면 어떤 노력이 필요할까?

감정을 다스리는 훈련, 절제와 인내하는 훈련이 절대적으로 필요하다.

아내는 '독립적인 기질'(우울질, Melancholy)이다. 독립적이라 고등학교를 졸업하고 집안 형편상 대학교에 갈 수 없자 직장생활을 하면서 돈을 모으고 대학입시를 준비하며 결국 대학교를 졸업하였다. 계획적인 기질이기에 잘 계획하고 그대로 실행하는 것이 편한 사람이다. 내 기질의 타입 때문에 예정에 없이 갑자기 친구들이 온다든가, 의논 없이 혼자 결정하게 되면 마찰이 일어난다. 가족 중심적이며, 신뢰성과 책임감이 강하다. 완벽주의에 가까우며 거절에 대한 두려움 때문에 쉽게 이야기하거나 부탁하지 않는 타입이다. 어떤 일과 사물에 대해 부정적인 시각도 있는 편이다.

흔히 성격이 정반대인 사람들이 부부가 되는 경우가 많다고 한다. 심리적인 '오이디푸스 콤플렉스'가 있기 때문에 자신이 없는 성격을 가진 사람에 대해 호의를 가질 수 있기 때문이다. 문제는 이러한 차이를 서로 '보완 관계'로 보아야 하는데 '마찰 관계'로 보는 관점의 차이가 부부 생활을 힘겹게 한다. '사교적인 기질'(다혈질)인 나와, '독립적인 기질'(우울질)인 아내와의 행복한 관계를 유지하기 위해 노력과 훈련, 곧 '인지행동치료'가 필요했다. 기질을 통해 성격이 형성되고, 성격이 성품으로 변화되며, 인격으로 성숙해질 필요가 있었다.

사랑은 있는 그대로 받아들이며, 상대방을 배려하는 성숙한 자세다.

부부가 행복해야 가정이 행복하고, 가정이 행복해야 교회와 사회, 국가가 행복할 수 있는 것 아니겠는가?

아내와의 행복한 부부 관계를 위해 일명 '부부 회복 프로젝트'를 가동하였다.

첫째, 어떤 경우에도 화를 내거나 언성을 높이지 말아야 한다.

대표적으로 자존감이 낮은 자의 특성은 '화를 자주 내는 것'이라 할 수 있다. 기질이 다혈질이라 그 성격이 고정화되어서 그럴 수도 있지만, 이는 얼마든지 고칠 수 있다. 성격이 성품으로 향상될 수 있다. 주로 자존감이 낮을 때 자기 존중과 자기 사랑을 실천하는 마음을 잃어버리기에 상대방에게 화를 쏟아내 버린다.

또한, 아내는 '우울질' 타입이기에 쉽게 상처받고 오래 가는 경향이 있다. 지금도 큰 애 임신 때 미역국을 많이 해 주지 않은 것에 서운해하고 있다. 살면서 감정을 절제하지 못하고 화를 낸 것에 대해 20년이 지났어도 상처를 주었던 때와 장소를 기억하고 있을 정도이다. 아내는 '우울질' 타입이라 독립적이고 자존심이 센 편이기에 부딪히기 전에 예방해야 하는 지혜와 감정의 다스림이 필요하다.

나름대로 화가 날 때 조절할 수 있는 훈련을 하였다. 화가 나서 1루에서 2루로 갈 때 태그 아웃 할 수 있도록 말을 멈추는 것이다. 그리고 들어 주도록 노력한다. 물론 아직은 아내의 계속된 말에 안타를 맞을 때가 가끔 있다. 결국, 3루까지 갔을 때는 아예 자리를 피한다. 요즘은 한 걸음 더 나아가 아내를 배려하는 마음으로 화가 날 때는 오히려 감사와 사랑 고백을 한다. 아내의 장점을 생각하며 이해하려고 노력한다. 실점을 당하지 않도록 지혜롭게 대처하도록 노력하고 있다.

둘째, 다툼이 있었을 때 자존심을 버리고 자존감이 회복되도록 최대한 빨리 화해하도록 한다.

부부 싸움은 결국 자존심의 싸움이다. 당신이 나를 무시했다고 생각하여 '나의 자존심'이 상한 것이다. 사실, 자존심이란 결국 열등감에서 나오는 것이다. 둘이 화가 나서 다투게 되면 마음을 화(불)가 지배하기 때문에 정제되지 않은 말들이 불같이 토해지고, 그 불이 상대방의 자존심을 태워버린다. 화가 났을 때 내뱉은 말은 '가짜'(Fake)라고 생각하고('본의가 아니겠지'라는 생각) 마음속에 담지 말아야 한다.

더 중요한 것은 화해하는 기술이다. 이를 위해 '나의 자존심'을 버리고 상대방의 자존심을 세워줄 수 있도록 '미안해'라는 말을 하는 자가 자존감이 높은 사람이다. 힘들지만 이 한 단어를 지킨다면 부부의 자존감은 더욱더 높아지며 행복할 것이다.

"아.미.고.사!"의 말을 사용하면 어떨까?

'아~ 그렇군요', '미안해요', '고마워요', '사랑해요!'이다.

부부 싸움이 자존심의 싸움이 아닌 성숙한 자존감을 형성하는 훈련이 되어야 한다. 자존심은 타인이 자신을 어떻게 대하는가에 집중하며 소중하게 다루어 줄 것을 기다리는 마음이지만, 자존감은 다른 누군가가 자기를 어떻게 대하든 흔들리지 않는 자기 존중과 자기 사랑을 실천하는 마음을 나타낸다.

신혼 때는 부부 싸움을 하게 되면 삼 일 이상 간 적도 있다. 그러나 지금은 몇 분을 넘기지 않을 정도로 빠른 화해를 이루고 있다. 자존심을 버리고 자존감을 세워 주기 때문이다.

셋째, 부부에게 있어 작은 배려가 핵전쟁보다 중요하다.

부부 싸움의 주제를 보면 절대로 핵 문제, 전쟁, 나라 경제와 같이 큰일 때문에 발생하지 않는다. 아주 작은 일들, 소소한 일상생활에서, 상대방의 마음을 상하게 하는 말 한마디에서 갈등과 싸움은 시작된다. 이를 위해 아내를 위해 '깨어 기도하는(?)' 생각과 긴장이 필요했다.

물론 아내이기에 편하고 유머도 자주 사용하지만, 마음을 상하게 하는 한 마디에 신중해지도록 하며, 설거지를 해도 대충 하지 말고 깔끔하게, 소변을 보고 변기 뚜껑을 꼭 내려놓을 것!

아내의 성격상 어떤 일에 대해 매우 세밀하게 질문하는 것을 귀찮아하지 말며, 아내가 싫어하는 것을 하지 않도록 노력하기로 했다. 아내를 설득할 일이 있으면 시간을 두며 계획적이고 세밀하게 준비하여 설득하도록 지혜를 짜내었다. 무엇보다 잔소리로 생각하는 그 어떤 내용도 들어주고 공감하도록 인내하는 마음을 갖기로 했다.

아내는 깔끔한 성격이라 되도록 물건은 제 자리에, 청소는 그때그때 하는 것을 중요시 여긴다. 사람들에게 거절을 잘하지 못하는 나의 성격상 이제는 아내의 형편을 보며 따라야 하므로 사람들에게 "No"라고 말할 수 있는 용기(?)가 생겼다. 물론 완벽하게 이 모든 일들을 실행하지는 못한다. 아직은 '공사 중'이기 때문이다. 그러나 어제보다는 오늘이, 오늘보다는 내일이 더 나아질 것이라는 기대를 한다.

여담으로 송길원 목사(가족 생태학자, 하이패밀리)는 남편의 입장에서 여자를 이해하며 부부 싸움을 방지할 수 있는 유머러스한 말을 했다. 일명 '무. 변. 두'라는 내용이다. 아내와 다툴 필요가 없는 비결(?)이라 한다.

- ◆ 무 : 무조건 잘못했다고 말한다(뭘 잘못했는지 몰라도 …)
- ◆ 변 : 변명하지 말라(변명해야 듣지도 않으니까 …)
- ◆ 두 : 두 번 물어서는 안된다(처음부터 다시 시작하니까 …)

기질의 특성을 알면 건강한 자존감과 좋은 관계를 유지 할 수 있다.

이 밖에도 많이 사용하는 기질 검사로 'MBTI'(16가지 유형의 기질 검사), 'TCI'(성격 장애 검사. 한국적 상황의 JTCI 검사도 있음), 한국인에게 적합한 '사군자 기질 유형' 등을 비롯해 여러 유형이 있다.

Our Journey to Self-Esteem

제7장
분노를 극복하는 자존감

　필자의 어린 시절은 부럽지 않은 물질 환경 속에서 자랐지만 내면의 고통은 황폐함과 상처로 얼룩져 있어 '낮은 자존감'과 '열등의식' 등으로 점철되어 있었다. 그 가운데서도 다혈질이며 알코올 중독까지 있었던 아버지의 분노 장애 때문에 큰 아픔과 고통을 겪었다. 문제는 그러한 분노와 화가 대물림 되어 가정생활에 큰 어려움을 주었음에 지금도 가슴이 아려 온다.

　예전에 찍은 비디오를 보면 아이들에게 화가 나서 소리를 질렀던 모습을 고스란히 확인할 수가 있다. 날카로운 목소리로 화를 내는 내 모습을 보면서 자괴감마저 들 때가 있다. 예배 태도가 좋지 않다고 아이들에게 화를 내고, 시킨 일과 지시한 대로 하지 않는다고 소리 내어 혼 내키고, 아내가 잔소리한다고 언성을 높여 쏟아 내고 … 어느 순간에 아이들과 아내와 대화할 때 조금만 소통이 안 되어도 그들 역시 화낼 준비가 되어 있음을 보고 내 안에 있는 '아버지'를 보게 되었다.

　아버지는 찌개나 국 속에 마늘과 양파만 들어가도 국그릇을 엎곤 했다. 콩을 좋아하시기에 밥 위에 콩이 얹히지 않으면 버럭 화를 내면서 상을 엎고 어머니에게 폭언과 화를 내며 식사를 외면하곤 했다. 밤새도록 술을 마시고 낮에는 종일 잠을 주무실 때 발소리만 내도 욕과 분노를 소나기처럼 쏟아붓곤 하셨다. 아버지와 같이 있으면 불안감이 자연스럽게 조성되되었다. 부자간의 대화가 늘 단문으로 끝날 수밖에 없었다. 조용하면 오히려 더 불안했다. 나 역시 아버지의 다혈질을 물려받았기에 그럴 것이라고 자조하면서 위로했지만, 성격은 어릴 적 환경을 통해, 특별히 부모를 통해 많은 영향을 받기에 그 형성 원인을 알고 노력한다면 얼마든지 고칠 수 있다.

일단 마음속에 자리 잡은 아버지의 부정적인 모습 등을 마음으로 쫓아 버렸다. 아버지에 대한 분노를 놓아버렸다. 그리고 아버지가 어렸을 때부터 형성될 수밖에 없었던 부정적 성격을 이해하려고 노력하였다. 가끔 베풀어 주신 아버지의 사랑을 고이 간직하였다. 아버지의 임종 시 아버지의 손을 붙잡고 웃으며 천국으로 가신 모습은 영원히 잊지 못할 놀라운 경험이었다.

아들이 세 살 때 큰 냄비에 담겨 있는 된장국에 뒷걸음치다가 주저앉아 심각한 화상을 당한 적이 있다. 병원에서 치료받을 때 같은 병동에서 전신 화상을 치료받던 어느 40대 아주머니가 결국 40일 만에 숨을 거둔 것을 보았다. 그녀의 화상은 부부 싸움을 하던 남편이 화에 못 이겨 석유난로를 아내에게 던졌고 온몸이 3도 이상의 화상을 입어 병원에 온 것이다. 가끔 순간의 화가 살인까지 저지르는 경우를 심심치 않게 볼 수 있다.

이렇게 극단적이지 않지만 분노를 조절하지 못해 가정생활과 사회생활에 많은 지장을 주는 경우를 볼 수 있다. 분노가 폭력으로 발전될 때는 그만큼 큰 고통과 문제를 야기한다. 정상적인 사람도 분노한다. 그러나 분노가 파괴적으로 이어지지 않는다. 분노를 억압하는 것이 아니라 억제할 수 있는 건강한 자존감을 가져야 한다.

• **분노 조절 장애를 앓고 있는 한 남자를 소개한다.**

A는 60살 된 중년 간부이며 재혼한 남자다. 그의 현 아내는 프랑스에서 성악을 전공한 초혼의 여자이다. 부부 생활의 가장 큰 고통은 남편의 절제하지 못하는 분노와 그때마다 심각한 폭력을 행사하는 것이었다. 아내의 멍든 눈을 보고 나서 A는 미안한 마음에 꽃도 사 오고 교회를 열심히 다님으로 화해를 시도하며 사과하곤 하였다. 그러나 아내의 마음이 풀리지 않으면 그것 때문에 또 화를 내고 폭력으로 이어지곤 했다.

폭력과 남편의 분노 조절 장애 때문에 고통받던 아내는 수없이 이혼을 결심하였지만, 신앙의 힘으로 희망을 놓지 않았다. 그러나 계속 반복되는 남편의 분노와 폭력은 아내의 가슴에 움직일 수 없는 박힌 돌이 되어 버렸다. 결국 A와 그의 아내는 마지막이라는 심정으로 방송의 도움을 받아 상담 치료를 받기로 했고 '역할극', '그림 치료', '심리상담'을 받으며 '분노 조절 장애'의 원인과 치유를 위해 노력하였다. 화가 날 때는 메모장에 글을 쓰기도 하였고, 부부간의 다정한 대화를 위해 외식과 여행을 하기도 했다. A는 자기 잘못된 자화상을 보면서 아내의 손을 꼭 잡고선 다시는 분노와 폭력을 행사하지 않겠노라고 다짐하였다.

그러나 그 결심과 노력은 일주일을 넘기지 못했다. 계속하여 방송에 보여진 아내는 시퍼렇게 멍든 팔과 얼굴이 노출되었으며, 갑자기 분노하는 A의 모습에 방송이 중단되곤 했다. 분노에서의 해방은 결국 실패로 끝났다.

아무래도 그들은 이혼하는 쪽으로 결론이 난 것 같다. 폭력은 중요한 이혼 사유가 되기 때문이며, 어떠한 경우에도 폭력을 행사해서는 안 된다.

첫째, 화를 조절할 수 없음을 느끼면 무조건 자리를 피하는 것이 해결책이다.
둘째, 자기 화를 다스릴 수 있는 '자존감을 회복'시키는 것이 중요하다. 근본적으로 자기 분노 형성의 원인이 무엇인지 어릴 때 가정 환경과 삶을 되돌아보아야 한다.
셋째, 사랑은 훈련이며, 사랑은 상대방을 배려하는 것이다. 자기 분노와 폭력으로 마음과 육체가 파괴되어 가는 아내에 대한 '긍휼의 마음'을 갖는 것이다.

화가 나는 순간에 아내가 울고 있는 내면, 자기 영혼도 탄식하며 울고 있다는 것을 깨닫고 화를 다스릴 수 있도록 해야 한다. 화가 지나갔을 때 화의 원인과 자기 행동을 반성하며 글을 쓰는 것도 좋은 방법이다. 분노를 표출함으로써 나타날 상대방의 아픔과 고통을 생각해 보는 것도 분노를 다스리는 데 도움이 된다. 무엇보다 성경을 묵상하며 기도하는 것이 최고의 도움이 될 것이다. 다가올 분노를 미리 다스릴 수 있고 대비하는 훈련에 큰 도움을 준다.

그래도 분노를 다스리지 못하면 약물치료와 상담을 통한 치료를 병행할 필요가 있다. 현대인들의 대표적인 질병인 분노 조절 장애와 어떻게 화를 다스릴 수 있는지에 대해 좀 더 살펴보기로 하자.

1. 분노의 특징

목회 상담학자 앤드류 레스터는 최근의 책 『분노하는 그리스도인』(The Angry Christian)에서 파괴적인 분노란 우리 자신과 타인 그리고 하나님과의 관계를 파괴하는 것이라고 정의하였다.

그리고 "창의적인 분노는 우리와 우리가 속한 공동체를 영적인 웰빙으로 인도하는 한편, 파괴적인 분노는 영적인 역기능성으로 인도한다"라고 말했다. 그는 분노를 "자기를 위협한다고 인식함으로써 반응할 때 일어나는 신체적, 정신적, 감정적 자극 패턴이며 공격하거나 방어하려는 욕구가 특징이다"라고 정의하였다. 결국, 분노의 특징이다.

첫째, '살인적인 내적 행동'(inner behavior)이다.

순간적이든 계획적이든 분노가 해결되지 않아 살인과 자살이 일어나는 경우가 얼마나 많은가?

꼭 행동으로 옮기지 않았지만 살인적인 내적 동기와 동기를 품은 사람들이 얼마나 많은가를 나와 내 주변, 신문지상에서 심심찮게 볼 수 있다.

둘째, 분노는 '안색이 변하며 표정을 무섭게 변하게 한다'.

성경에서 가인이 분노했을 때 신체적인 증상은 '안색이 변하는' 것으로 표현하였다. 영어성경에는 "안색이 변했다"라는 표현 대신 "고개를 숙이며 눈을 내리 깔았다"라고 번역한다. 고개를 숙이며 눈을 내리깔고 다닌 것은 하나님에게 자기 분노한 얼굴의 모습을 감추기 위한 행동이며 하나님을 향한 분노가 표정과 행동에서 반항적으로 나타난다.

웃으면 복이 온다는 말처럼 웃는 얼굴은 건강에도 좋고, 보는 사람에게도 기쁨과 편안함을 선사해 준다.

셋째, 분노는 화이며, 불타는 것이다.

불이 모든 것을 불태우고 나면 허무한 재만 남게 된다. 나의 내면을 불태움으로 병든 몸과 마음의 재를 남기고, 타인의 인격과 영혼마저 불태워 버린다.

천사를 보고 싶은가?

웃는 얼굴로 비춰진 자기 모습을 보아라.

마귀를 보고 싶은가?

분노했을 때의 자기 얼굴을 보면 마귀가 보일 것이다.

2. 분노는 죄인가?

분노 자체는 죄가 아니다. 분노가 나타나는 형상에 따라 죄가 될 수 있다는 것이다. 또한, 의로운 분노가 있다. 책을 쓰고 있는 요즘 한국과 일본의 경제 전쟁은 양국 국민의 정서에 분노를 일으키고 있다. 정치와 경제가 혼합되어 정치적 목적과 계산으로 경제 보복과 무역전쟁을 일으키는 양상이다.

아베 정권의 정략적 목적으로 촉발된 이번 사태를 보며 일본의 과거사와 이기적 행태에 대해 분노하지 않을 수 없다. 이럴 때 느끼는 분노는 정상적이며, 정당한 분노이다. 다만 분노의 표출이 폭력이나 살인으로 이어지면 결코 안된다. 평화적 시위로, 전 국민이 동참함으로, 죄는 밉되 사람을 미워하지 말라는 말씀으로 우리의 분노를 표출해야 한다. 예수님의 분노하심도 성경에 몇 번 언급되어 있다.

첫째, 성전에서의 분노이다.

둘째, 바리새인들에 대한 분노이다.

셋째, 악한 마귀에 대한 분노이다.

하나님에 대한 분노를 사회적으로, 개인적으로 가지고 있다. 이에 대한 분노에 대해 기도함으로, 더욱더 기독교인답게 삶으로, 전도함으로 잘못된 분노의 모습과 방향을 교정해 주어야 한다.

이를 보면 분노 자체가 죄이거나, 분노 표출이 죄가 아니라는 것을 볼 수 있다. 예수님의 분노는 '거룩한 분노'요, '하나님 주권에 대한 무시에 대한 분노'요, '의로운 분노'라 할 수 있다. 그러나 대부분 분노 때문에 어려움을 겪는 것은 가정생활의 가족 시스템에 문제가 발생된다.

나아가 사회생활에 있어 관계의 어려움을 낳게 된다. 분노를 조절하지 못해서 살인까지 일으켜 자기와 남의 가정을 파괴시키며, 사회와 가정의 붕괴까지 이른다. 따라서 분노의 대한 이해와 지혜로운 표출이 매우 중요하다.

3. 분노(화)를 파헤치라

나는 왜 분노하는지 진지하게 묻고 파헤칠 필요가 있다. 이유 없는 무덤은 없다라는 말이 있다. 죽은 사람의 무덤에 가면 나름대로 죽은 이유에 대해서 대답하며 변명할 것이라는 뜻이다. 원인을 알면 치료가 가능하게 되고 예방이 될 수 있다. 어쩌면 이유 없는 분노는 없다라고 정의해 보고 분노에 대한 대처와 해결, 치유의 길을 찾도록 해보자.

첫째, 기질적으로 다혈질이라면 내면의 깊은 다스림이 필요하다.

모세는 다혈질의 사람이었다. 순간적으로 '욱'한 성격으로 인하여 애굽 병사 2명을 살해함으로 결국 광야로 도망을 가게 된다. 그런데 광야의 훈련 시간이 흐르면서(40년) 그는 온유한 사람으로 변모한다.

> 이 사람 모세는 온유 함이 지면의 모든 사람보다 승하더라(민 12:3).

기질의 DNA는 변하지 않지만 환경으로 인하여 형성된 성격은 얼마든지 변화와 성숙을 이룰 수 있다. 성경은 묵상과 기도를 통해 성령의 열매 가운데 하나인 온유를 맺을 수 있음을 적고 있다.

> 노하기를 더디하는 자는 용사보다 낫고 자기의 마음을 다스리는 자는 성을 빼앗는 자보다 나으니라(잠 16:32).

기질적으로(다혈질의 경우) 쉽게 화를 내는 종류의 사람도 있다.
베드로가 이러한 기질의 사람이 아닐까?
습관적으로 화를 내는 사람이 있다. 부부와 자녀 그리고 형제들과 대화할 때 세 문장을 넘기지 못하고 소리를 버럭 지르는 사람들을 본다. 화가 습관화되어 있기 때문에 자기 생각과 뜻에 맞지 않으면 불같이 화를 낸다. 심지어 물건을 내던지거나 폭력을 행사하기도 한다.

자기 분에 못 이겨 몸과 마음을 학대하거나 자학을 한다. 순간적으로 화가 나 자기의 몸에 불을 내거나, 가족을 죽이고 총으로 자살을 하는 사람도 흔치 않게 본다. 오늘날 사회적으로도 분노가 쌓여 있고, 분노가 잘못 표출되어 살인과 싸움, 전쟁에 이르기까지 화는 인간 사회를 파괴하며 병리적으로 만든다.

왜 화를 내는지에 대한 원인을 파악할 필요가 있다. 기질 때문에 화를 내는 건 어쩔 수 없다 라는 이야기를 한다. 그렇지 않다. 기질의 유전자는 변할 수 없지만 성격으로 나타나는 성품은 얼마든지 변화할 수 있기 때문이다.

> 이 사람 모세는 온유함이 지면의 모든 사람보다 승하더라(민 12:3).

모세는 분노에 못이겨 애굽 병사 두 명을 죽인 살인자였다. 기질상 다혈질과 담즙질(지도자적 기질이기도 함)의 모습을 가지고 있었다. 그러나 그가 광야 40년의 생활과 40년의 은둔 생활을 통한 내적 훈련을 통해 그 누구보다 온유함이 많았다고 기록한다. 성품은 얼마든지 변화할 수 있는 대목이다. 성령님이 이 부분을 도와 주실 것이다.

사랑의 속성에 대해 성경은 다음과 같이 묘사한다.

> 사랑은 오래 참고 사랑은 온유하며 … (고전 13:4).

> 무례히 행치 아니하며 자기의 유익을 구치 아니하며 성내지 아니하며 … 진리와 함께 기뻐하고(고전 13:5).

모든 것을 참으며 모든 것을 믿으며 모든 것을 바라며 모든 것을 견디느니라 (고전 13:7).

하나님의 사랑이 우리가 사는 모든 영역에서의 모델이다.

사랑은 오래 참고 온유한 모습을 지닌다.

사랑하기 때문에 때렸다?

아니다. 사랑은 폭력을 행사하지 않는다. 분노 조절 장애이다. 사랑은 온유하다. 성내지 아니한다. 아니, 분노를 잘 다스리는 능력을 가진다. 사랑은 참고 인내한다. 사랑은 상대방을 신뢰하며 무례히 행치 아니한다.

따라서 부부일수록 더욱더 온유함으로, 인내함으로, 감싸 주고 배려해 줌으로 성숙한 모습으로 가꾸는 천국 정원이 되도록 노력해야 한다. 이를 위해 하나님의 말씀을 깊이 묵상하고, 자기 마음을 다스릴 수 있는 기도를 통해 얼마든지 온유함을 소유하고 있다는 것을 마음속에 담고 실천해야 한다.

나의 반석이시요 나의 구속자이신 여호와여 내 입의 말과 마음의 묵상이 주의 앞에 열납되기를 원하나이다 (시 19:14).

특별히 아침에 일어나 주님의 말씀으로 묵상하며, 마음을 다스리는 기도와 성령님의 도우심을 구한다면 평안이 지속되는 복을 누릴 것이다.

둘째, 대화의 기술을 습득하라.

부부간의 싸움의 이유를 보면 환상적일(?) 정도로 매우 소소한 일임을 알게 된다. 주로 아내의 잔소리 (잔소리란 듣기 싫은 말을 듣기 싫게 말하는 것을 의미한다)에 대한 남편의 무시와 분노, 남편의 화에 대한 아내의 분노는 더 빠르고 큰 소리로 잔소리 게이지가 올라간다. 듣는 훈련이 필요하다. 그리고 '너, 당신은'이라는 주어보다 '나는'이라는 주어를 먼저 사용한다 (한성렬 교수의 가정에서의 '나-너 대화법' 참조).

"당신은 왜 그래?"

이런 대화보다는 '나는 이렇게 생각해' 또는 '나는 당신이 그래서 마음이 좀 상해' 등의 대화의 기술을 사용하면 화를 다스리며, 대화의 관계를 상승시킬 수 있다. 이는 끊임없는 훈련이 요구된다는 것을 알아야 한다.

셋째, 좋은 습관을 갖도록 연습하라.

화내는 것도 습관이다. 웃는 습관을 가지면 기쁨을 낳는 것처럼 화를 이길 수 있도록, 극복할 수 있도록 날마다, 매 순간마다 다스리는 훈련과 습관을 가지면 극복할 수 있다. 건강한 자존감은 좋은 습관을 갖게 하고, 좋은 습관은 건강한 자존감을 형성한다. 언어 훈련(말과 신체 언어 포함), 공감 훈련, 배려 훈련, 마음을 다스리는 훈련을 통해 좋은 행동과 마음의 습관화를 가져야 한다.

건강한 자존감은 부부 관계 역시 건강케 한다. 왜냐하면, 건강한 자존감은 자기보다 남을 더 낫게 여기며, 상대방의 연약함을 감싸 주고, 분노를 자제하며, 화가 나더라도 표출 방법이 지혜로우며, 상대방을 배려하기 때문이다. "부부 싸움은 칼로 물 베기"라고 한다. 싸우더라도 물통 안에서 싸워야 한다. 밖으로 쏟아 버리면 나도 죽고 너도 죽는다.

그리고 싸우는 것보다 더 중요한 것이 있다. 바로 화해하는 것이다. 상한 마음을 위로해 주는 것이다.

분을 내어도 죄를 짓지 말며 해가 지도록 분을 품지 말고(엡 4:26).

> 마귀에게 틈을 주지 말라(엡 4:27).

> 분을 내어도 죄를 짓지 말며 해가 지도록 분을 품지 말고(엡 4:26).

그날 내가 화를 내었다면 내 자존심을 강조하지 말고 먼저 다가가서 손을 잡고 미안함을 고백하는 것이다. 이것이 용기 있는 사람의 모습이다. 이런 용기가 있는 자는 건강한 자존감을 가진 자들이다. 건강한 자존감은 자기 약함을 인정하고 고백하는 용기 있는 행동을 갖는다. 행복한 부부 생활, 그것은 사랑이며, 사랑에는 인내가 필요하며, 인내에는 영원한 나라의 소망이 있기에 기꺼이 함께 손잡고 나아가며 전진하는 것이다.

4. 분노를 다스리고, 분노를 극복하는 자존감

소극적으로는 우리는 "모든 악독(bitterness)과 노함(rage)과 분냄(anger)과 떠도는 것과 훼방하는 것(참소하는 것)을 모든 악의(malice)와 함께 제거하라"는 명령을 받았다. 적극적으로는 "서로 인자하게 하며 불쌍히 여기며 서로 용서하기를 하나님이 그리스도 안에서 너희를 용서하심과 같이 하라"는 권면을 받았음을 잊지 말아야 할 것이다.

> 너희는 모든 악독과 노함과 분냄과 떠드는 것과 비방하는 것을 모든 악의와 함께 버리고(엡 4:31).

> 서로 친절하게 하며 불쌍히 여기며 서로 용서하기를 하나님이 그리스도 안에서 너희를 용서하심과 같이 하라(엡 4:32).

5. 분노를 어떻게 표현할 것인가?

노하기를 더디하라는 것이다. 더디한다는 것은 적절한 분노의 표현을 함축하고 있다. 이는 분노를 억제하는 것이다.

> 어리석은 자는 그 노를 다 드러 내어도 지혜로운 자는 억제 하느니라(잠 29:11).

억압이 아니라 억제, 영어로는 컨트롤(control) 하는 것이다. 분노가 폭발하기 전에 조절할 수 있는 능력을 키우는 것이다. 따라서 대화 중에, 또는 분노로 표출하려고 하는 순간이 오고 있음을 느끼면 자리를 피한다거나, 마음의 평정을 유지할 수 있도록 깊이 숨을 쉼으로 자기 마음을 조절할 수 있도록 해야 한다.

요즘에 매스컴이나 인터넷, 책에서 분노를 다스릴 수 있는 방법을 많이 소개하고 있다. 그 가운데 분노를 다스리는 열 가지를 살펴보도록 하자.

첫째, 상처와 자존심을 건드리지 말고, 경청하고 공감하고 배려하라.
둘째, 숫자를 열부터 하나까지 거꾸로 천천히 세라.
셋째, 분노의 결과를 생각하며 심호흡을 깊게 하라.
넷째, 화가 눈덩이처럼 불기 전 분위기와 관심을 돌려라.

다섯째, 스트레스를 속 시원히 발산하라. 다만 아무도 모르게 … 산책을 하거나, 쇼핑, 운동을 하는 것도 좋은 발산 방법이다.

여섯째, 사람은 다르다. 같은 상황에서도 해석이 다를 수 있다. 다름을 인정하고 이해하도록 노력하라.

일곱째, '네가 그럴 수가'? 라고 생각하지 말라. 그럴 수도 있다!

여덟째, 종로에서 뺨 맞고 한강에서 분풀이하지 말라.

아홉째, 나를 다독여 일단 화를 잠재워라. 시간이 약이다.

열째, 역지사지하고, 다른 관점에서 생각해 보라.

여기에 '너' 그리고 '나'의 대화법을 가지라(한성렬 교수).

"그러니까 너는 지금 그렇게 생각하고 있는구나. 나는 이렇게 생각해, 그리고 내 마음의 상태가 이런 느낌이야."

쉽지 않은 일이지만 이렇게 하면 시간과 공감, 배려할 수 있는 마음의 여유가 생긴다. 이때 자기 감정을 차분히 설명할 필요가 있다. 나중에 대화를 하겠다고 양해를 구하는 것도 좋은 방법이다.

충동적으로 분노하지 말라는 말이 있다. 이는 절제하여 분노하라는 말과 밀접하게 관련되어 있다. '성내기를 더디하라'는 표현이 성경에는 곳곳에 나와 있음을 볼 때 분노도 습관화가 될 수 있으므로 늘 자기를 살필 수 있는 자아 성찰이 필요하다.

건강한 자존감은 남에 대한 공감 또는 배려를 가지며, 자기를 성찰하고 내 안의 들보를 볼 수 있는 능력을 갖추게 된다. 무엇보다 화해의 용기를 가지고 있다. 말씀을 묵상하며 아침 시작하기 전에 기도의 자리에서 자기 평온함과 화에 대한 예방 차원에서 마음을 다스리는 훈련을 권하고 싶다.

흔히 말하는 '뚜껑이 열렸다'의 표현처럼 극한의 분노가 일어날 때가 있다. 그때는 당장 멈추고 그 자리를 피하는 것이 지혜로운 행동이다.

분노 자체가 죄는 아니다. 하나님도 분노한다. 거룩한 분노이다. 분노가 일어나는 것은 자연스런 일이다. 그러나 분노를 어떻게 처리하느냐는 매우 중요한 과제이다. 분노를 절제 또는 억제하지 못해 끔찍한 일들이 종종 일어난다. 큰 상처를 남긴다. 잠재되어 있는 분노, 사사건건 분노가 일어나는 성격과 관계, 성숙되지 못한 분노 표출, 분노의 원인도 살펴보고 그 순간 어떻게 대처해야 하는 것은 자기 몫이다.

Our Journey to Self-Esteem

제8장
상실감을 극복하는 자존감

　지금은 신앙생활을 잘 하고 계시는 노부부가 계시다. 젊은 날에 미국에 오셔서 맨 땅에서 성공을 이루신 분들이다. 그들에게는 눈에 넣어도 아프지 않을 하나밖에 없는 예쁜 딸이 있었다. 딸은 자기가 다니고 있는 중학교에서 최고의 성적과 리더로서 장래가 촉망받는 학생이었다.

　어느 날 친한 친구 집의 초대를 받아 2층에서 함께 잠을 자고 있었다. 새벽에 그 집에 불이 났고, 주인이며 소방관인 친구 아빠는 활활 타오르는 불길 속에서 자기 딸을 구하고 이어서 노부부의 딸을 구하러 올라갔다가 두 사람 모두 숨지는 사고가 발생되었다. 이후 큰 상실의 아픔을 지닌 채 지내고 있다. 지금도 딸과 살았던 집을 떠나지 못하는 이유는 딸의 숨결과 체온이 그대로 간직되어 있기 때문이다.

　딸을 위해 만들었던 풀장도(지금까지 한번도 사용하지 않았다), 딸의 방과 소품도 그대로 있다. 그분들은 아직도 그 해답을 얻지 못하고 계시다. 어쩌면 이 땅에서는 해답을 얻을 수 없는 일일 것이다. 딸의 상실은 하나님에 대한 원망으로, 신앙생활을 할 수 없는 이유가 되었다. 하나님이 살아 있다면 아무 죄도 없고 그렇게 착한 딸이 그런 사고로 죽을 수 없다는 것이다.

그런데도 눈물이 늘 고여 있고 아픔은 그대로 있지만, 행복한 삶을 살고자 부부는 최근에 다짐하였다. 그래서 교민들에게 많은 도움을 주면서 살고자 노력하고 계신다. 신앙생활도 이제는 열심히 하고 계신다. 아버님의 말씀을 잊을 수가 없다.

> 슬픔은 그대로 있어요. 그러나 오늘의 삶에 행복과 감사함으로 살고자 작정하였습니다.

그렇다. 건강한 자존감은 아픔 속에서도 행복한 삶을 살도록 작정하는 것이다. 그러기 위해 현실을 인정하는 것이다. 그리고 삶을 바라보는 시각을 바꾸는 것이다. 무엇보다 소망을 하늘나라에 두고 오늘의 삶에 성실하게 임하는 것이다. 슬픔은 그대로 존재하되 나의 삶을 새롭게 바라보며 소망을 키우는 것이다. 주변 사람들을 돌보는 삶을 살고자 한다.

지금은 교회에서 성경 공부도 참여하시면서 열심히 신앙생활을 하고 계시고 나의 부모님으로 섬기고 있다. 인생은 결코 만만하지 않다. 이 땅에서는 상실의 이유에 대한 답을 얻을 수 없는 일들이 많이 있다. 언젠가는 사랑하는 당신과 헤어지게 된다. 살면서 많은 상실감을 겪기도 한다. 중요한 것, 중요한 사람을 잃어버린다.

여기 상실감을 겪은 한 여인을 더 소개하고자 한다.

흉년을 피해 한 남자(엘리멜렉)가 베들레헴에서 이방 땅 모압으로 아내와 두 아들을 데리고 이민을 떠났다. 그러나 남자는 곧 죽게 된다. 아내 나오미는 남편을 잃게 된다. 두 아들(말론과 기룐) 역시 장가를 갔지만(며느리들 이름: 오르바와 룻 - 베들레헴에서 옮긴 모압도 이방 땅, 며느리들 역시 이방 여인들임) 역시 곧 죽게 된다. 세 과부만 남게 되었다. 시어머니 나오미는 며느리들에게 각자 제 갈 길을 가라고 말한다. 그러나 룻은 '어머니의 하나님은 곧 나의 하나님'이라며 나오미 곁에 남게 된다. 남편들을 잃은 큰 상실감을 겪은 두 과부의 이야기가 룻기서에 기록되어 있다. 풍요의 상징인 모압에서 빈곤의 아이템으로 그들의 삶은 나락으로 떨어졌다.

상실감과 하루를 걱정해야 하는 빈곤, 그들은 어떤 역전을 이루었을까? 땅에 떨어진 상실의 자존감이 어떻게 회복될 수 있었을까?

여기에는 하나님의 섬세하고 세밀한 간섭과 개입하심이 있었다.

그들이 이런 상황 속에서 어떻게 상실감을 극복하고, 복된 삶을 살았을까?

1. 최고의 스트레스를 최고의 바라봄(천국)으로 이겨 나가라

홈즈(Holmes)와 레히(Rahe)의 공동 연구에 의하면 미국의 경우 스트레스의 강도를 1에서 100까지로 생각할 때 가장 큰 스트레스지수 100은 '배우자의 죽음'이라고 한다. 평소 배우자와의 관계에 따라 그 수치가 다를 수 있겠지만, 타국에서 남편에게 매우 의존적이며 애착 관계에 있던 나오미와 룻이 가장 큰 상실감과 스트레스를 겪었을 것이다. 거기에서 결혼을 시킨 두 아들의 죽음은 슈퍼 스트레스와 슈퍼 상실감을 안겼을 것이다.

죄책감과 상실감에 절망스러운 현실, 우울증과 공황 장애, 불안 장애, 불면증 등 온갖 정신과 심리적 질병이 찾아오지 않았을까?

이러한 나오미의 삶의 고통과 슬픔을 견뎌내며 꿋꿋하게 버틴 내용이 나온다.

> 그가 모압 지방에 있어서 여호와께서 자기 백성을 권고하사 그들에게 양식을 주셨다 함을 들었으므로 이에 두 자부와 함께 일어나 모압 지방에서 돌아오려 하여(룻 1:6).

나오미와 자부들은 '들었다.' 이는 하나님의 돌보심에 대한 소문이었다. '여호와께서 자기 백성을 권고 하사 그들에게 양식을 주셨다'의 소문이었다. 하나님은 가뭄과 상실의 사건을 허락하시기도 하지만 피할 길도 주신다는 것을 잊어서는 안될 것이다. 자존감이 땅에 떨어진 상태도 있지만 자존감을 회복시켜 주시는 하나님의 손길을 우리는 믿음과 소망, 인내로 바라보아야 한다.

모든 스트레스와 상실감을 하나님이 피할 길로 안내해 주신다. 감당할 수 있도록 도와주신다. 그래서 동원해야 될 마음의 중요한 요소가 바로 '믿음'인 것이다.

> 사람이 감당할 시험 밖에는 너희에게 당한 것이 없나니 오직 하나님은 미쁘사 너희가 감당치 못할 시험 당함을 허락지 아니하시고 시험 당힐 즈음에 또한 피할 길을 내사 너희로 능히 감당하게 하시느니라(고전 10:13).

지금은 사망의 음침한 골짜기를 지나는 환경이지만 해를 두려워하지 않을 근거는 주께서 나와 함께 하시기 때문이다(시 23:4). 나오미는 쓰디쓴 패배를 안고 베들레헴으로 돌아온다.

얼마나 고통스럽고 삶이 버거우면 "나를 나오미라 칭하지 말고 마라(bitter)라 칭하라 이는 전능자가 나를 심히 괴롭게 하셨음이니라"(룻 1:20)라고 하였을까?

실패의 자리, 상실감과 극한 스트레스에서 일어선 자존감의 회복은 믿음으로 하나님의 손길을 바라보는 것이다. 피할 길을 주시는 하나님의 손길을 인내와 소망 가운데 약속의 말씀을 듣고 순종하는 것이다. 은혜를 베푸시는 하나님의 손길을 기대하며 어떻게 회복시키실 것인지 바라보는 것이다. 룻을 통해 보아스를 만나게 하시고, 보아스를 통해 다윗 왕가가 탄생되었고, 다윗을 통해 왕이신 예수 그리스도가 이 땅에 오신 것이다. 상실된 마음에 하나님의 위로는 충만하게 내려 주신다.

2. 이 또한 지나가리라

크리스천 심리학자 래리 크랩은 그의 책 『좌절된 꿈』에서 나오미의 내러티브를 통해 크게 세 가지 단계를 찾아 설명한다.

첫째, 베들레헴에서의 행복했던 삶이다.
둘째, 흉년의 위기에서 시작된 실패와 좌절 그리고 절망의 과정이다.
셋째, 절망을 극복하고 환경에 흔들리지 않는 기쁨의 단계이다.

물론 이 세 단계는 한번의 경험으로 끝나지 않고 심지어는 기쁨의 단계를 경험하지 못할 수도 있다. 그러나 인생 전체적으로 볼 때 크리스천의 삶은 이 세 단계를 거치게 된다. 특별히 이 책에서 래리 크랩은 행복과 기쁨을 구별하여 설명하는데, 행복은 조건적인 반면 기쁨은 환경을 초월하는 무조건적인 것이라고 이야기한다.

무엇을 말하는 것일까?

결국은 상실감에 큰 아픔이 있지만 하나님은 이를 극복할 수 있도록 새로운 길로 인도하신다는 확신을 갖는 것이다. 그리고 중요한 것을 선물로 주신다.

"이 또한 지나가리라!"

영원한 천국이 약속되었기에 상실의 슬픔과 고통이 어느 순간에 영원의 순간으로 바뀌는 찰나에 기쁨으로 회복될 것이다. 그것이 소망이 되고 확신이 서니 오늘의 삶에 최선을 다해 행복하고 보람되고 의미 있는 삶이 되도록 노력하는 것이다.

천국은 침노하는 자의 것이라고 했다. 슬픔과 상실감, 스트레스를 소망과 기쁨으로 대치(대체 또는 치환)하는 것이다. 현실을 인정하고 수용하며, 그리스도의 사랑과 은혜로 대체하는 것이다. 주님에게 맡기며, 주님의 말씀으로 심령을 채우며, 나의 인생 속에 개입하시고 간섭하시는 하나님의 손길을 체험하면서 나를 소중히 여기는 것이다. 이것이 건강한 자존감이 되는 비결이다.

우리가 할 수 있는 일과 할 수 없는 일을 겸허하게 받아들이며 지혜를 구해야 할 것이다. 상실감과 스트레스가 오는 것은 어쩔 수 없다. 그러나 이를 회복할 수 있는 능력을 주시는 하나님의 손길을 신뢰하며 우리의 눈은 주님을 바라보아야 할 것이다. 하나님의 주권을 인정하고 신뢰하도록 하자.

제9장
우울증에서 탈출하는 긍정적 자존감

우울증의 문제는 여러 학자에 있어 21세기의 가장 심각하고 광범위한 질병으로 간주하고 있다. 세계의료보건기구(WHO)가 발표한 '세계정신건강관련보고서'에 따르면 전 세계 인구의 4퍼센트인 3억 2,200만 명이 우울증을 앓고 있다고 밝혔다. 2015년도를 기준으로 집계한 수치로 10년 전인 2005년보다 18.4퍼센트 증가했다. 따라서 본 장에서는 우울증에 관해 심도 있고 심층 있게 그리고 목회상담학적 관점에서 다루고자 한다.

1. 우울증이란 무엇인가?

우울증에 대한 정의, 우울증에 나타나는 현상 그리고 우울증을 치료함을 통해 자존감이 안정되며, 긍정적 자존감이 우울증을 이겨 나가는데 큰 도움이 될 것이다.

우울증(Depressive Disorders)은 슬픔, 공허감, 짜증스러운 기분과 그에 수반되는 신체적, 인지적 증상으로 인해 개인의 기능을 현저하게 저하시키는 부적응 증상을 의미한다. 아치볼드 하트는 이렇게 말했다.

> 우울증은 사람이 경험할 수 있는 가장 보편적인 심리 문제 중 하나이며, 몸이 서서히 쇠약해지는 과정을 수반하는 우울함과 슬픔의 감정이다.

우울증의 사전적 의미를 살펴보면, "내리 누르기, 억압, 억울한 상태, 불쾌" 등의 의미가 있으며, "우울한 기분, 의욕과 관심 그리고 정신 활동의 저하, 초조(번민), 식욕 저하, 불면증, 지속적인 슬픔, 불안 등"의 증상이 수반된다. 이를 '우울하다'의 동사 형태로 보면 네 가지다.

(1) 정신을 깎아 내리다, 기를 죽이다, 낙담 시키다, 슬프게 만들다.
(2) 가치를 낮추다.
(3) 활동성과 적극성을 저하시키다.
(4) 더욱 저급한 위치로 밀어 넣는다.

전요섭은 "어떤 일 때문에 마음이 억눌리고 막혀서 어떻게 해야 할 줄을 모르고 답답하게 된 상태"를 일컫는다고 하였다. 우울증은 이보다 훨씬 더 복잡하고 정의하기가 광범위하지만 종합해 보면 이렇게 정의할 수 있다.

> 우울증은 슬픔, 공허감, 짜증스러움, 상실감, 기타 여러 이유로 인한 기분 장애를 가짐으로 신체적, 정신적으로 고통스런 상황과 장애를 겪는 하나의 질병이다.

우울증은 또한 그 자체가 하나의 질병이기도 한데, 그것이 가장 심각한 형태인 '정신병적 우울증'이 나타나면, 그것은 바로 정신 질환의 범주에 속하게 된다. 임상적 우울증(major depression)으로 알려진 우울증은 '단극성 우울증(어떤 사람이 그저 심각하게 침체됐다는 것)과 양극성 우울증(흥분된 조증과 우울한 기분이 교차하는 것)의 두 가지 형태로 나타난다.

우울증의 종류에는 다양한 유형이 있는데 세 가지의 주된 유형으로 정리할 수 있다.

첫째, 유형은 "내인성(endogenouS) 우울증"이다.

이는 뇌 안의 생화학적 혼란이나 호르몬 시스템이나 신경계 손상으로 야기되는 것으로 이해되고 있다. 이런 유형의 우울증은 항우울 약품에 너무나 잘 반응을 하기 때문에 일반적으로 생화학적 근거를 갖고 있다. 어떤 이유도 없는 것처럼 보이기도 한다. 피로와 스트레스에 의해 더 심각해질 수 있다. 정신병적 우울증은 내인성 우울증의 가장 심각한 형태이다. 그것은 인격과 아무런 관련이 없으며, 심지어 명랑하고 낙천적인 사람을 사로잡을 수 있다.

그 증상이 매우 심각하기 때문에 정신병이라고 불리는 것이다. 종종 일어나는 너무나 이상한 무력감과 사악함의 망상(Delusions)은 정신병적 우울증에 사로잡힌 사람이 현실 감각이 없음을 명확히 드러낸다.

둘째, 유형은 "외인성(exogenous) 우울증"이라고 알려져 있다.

이것은 외적으로 진행되는 것에 대한 반응으로 일상생활에서 우리가 경험하는 것이며, 그 본질상 심리적인 것이다. 비탄한 과정의 일부인 상실에 대한 반응이다. 이것은 감정을 해소하는 과정이다.

이는 우리를 매우 처진 기분으로 몰고 가, 우리로 하여금 그런 상태에서 상실 경험을 해소할 수 있도록 한다. 누구나 한번쯤은 경험하는 사랑하는 사람과의 이별 또는 죽음 등으로 인한 상실감, 경제적·신체적 상실에서 오는 우울증이라 할 수 있다.

셋째, 유형은 "신경증적(neurotic) 우울증"이다.

이것은 반응적 우울증과는 다른데, 상실의 기간에 쌓아 올린 삶의 스트레스와 불안에 대한 반응이기 때문이다. 이것은 우리의 상실을 건전한 방식으로 슬퍼하지 못할 때 발생한다. 상실에 대처하기보다 자기 연민(self-pity)의 라이프 스타일을 발전시키는 가운데 침체되고 슬픈 감정에 잠기기 시작한다. 불안으로부터 회피하기 위해 우울증으로 도피하는 것이다.

이에 반해 DSM-5가 출간되면서 권석만은 『현대 이상 심리학』에서 아래와 같이 명확관화하게 정리하여 우울증의 다양한 유형을 분류하였다. 증상의 강도, 지속되는 기간, 증상의 양상이나 패턴, 원인적 요인에 따라 다양한 하위 유형으로 구분될 수 있다. '단극성 우울증'과 '양극성 우울증'으로 구분하는 것이 일반적이다. 우울증은 반대되는 기분 상태인 조증(mania)과 함께 번갈아 나타나는 경우가 있다.

조증 삽화에서는 기분이 비정상적으로 고양되고 과도하거나 무모한 행동을 나타낸다. '양극성 우울증'(bipolar depression)은 현재 우울증 상태를 나타내지만 과거에 조증 상태를 나타낸 적이 있는 경우를 말한다. 반면에 과거에 전혀 조증 상태를 경험한 적이 없이 우울증 증상을 나타내는 경우를 '단극성 우울증'(unipolar depression) 이라고 한다.

이러한 두 가지 유형의 우울증은 인상적 증상이 매우 유사하지만 그 원인, 증상 패턴, 예후 등에서 차이가 있으므로 구분되어야 한다.

2. 우울증의 증상

1) 신경증적 우울증(neurotic depression)

신경질적 우울증은 현실 판단력에 현저한 손상이 없는 상태에서 다만 우울한 기분과 의욕 상실을 나타내며 자기에 대한 부정적 생각에 몰두하지만 이러한 생각이 망상 수준에 도달하지 않는다. 무기력하고 침울 하지만 현실 판단 능력의 장애는 보이지 않는다. 즉, 주위에서 무엇이 일어나고 있는지는 정확히 이해하고 있으며 대화 내용이 조리 있으며 최소한의 일상생활을 하는 데는 지장이 없다.

2) 정신증적 우울증(psychotic depression)

정신증적 우울증은 매우 심각한 우울 증상을 나타냄과 동시에 현실 판단력이 손상되어 망상 수준의 부정적 생각이나 죄의식을 지니게 된다. 정신증적 우울증에서는 환각과 망상이 나타나며 현실 세계로부터 극단적으로 철수하는 경향을 보인다.

예컨대, 이런 환자는 자기는 죽을 수밖에 없는 죄인이라는 망상을 지니기도 하고, 자기가 만지는 것은 무엇이든지 오염된다고 믿어 환경과의 접

촉을 단절하기도 한다. 이러한 우울을 지니는 사람은 사회적 적응이 불가능하며 입원 치료가 필요하다.

3) 기타 우울증

'산후 우울증'(postpartum depression)은 출산 후 4주 이내에 우울 증상이 나타나는 경우이다. 계절에 우울증이 나타나는 경우를 '계절성 우울증'(seasonal depression)이라 하며, 때로는 우울증이 겉으로는 우울한 기분을 두드러지게 나타내지 않으나 내면적으로 우울한 상태에서 비행이나 신체적 문제로 위장되어 나타나는 경우가 있는데 이를 '위장된 우울증'(masked depression)이라고 한다.

이렇듯이 우울증은 그 원인적 요인, 증상의 양상, 지속 기간, 다른 장애와의 관계 등에 따라 다양하게 분류되고 있다.

3. 우울증 탈출하기

필자는 미국 이민자의 삶을 20년 넘게 생활하였다. 지금은 멕시코 국경 가까이 있는 엘센트로한인교회를 은퇴하였다. 교회에는 다양한 사람이 모인다. 다문화 가정을 이루신 분도 있고, 맞벌이, 가게 운영, 자녀 교육, 이별과 재혼 등 한국보다는 더한 일들을 경험한다. 이러한 외부적 요인으로 인한 우울증이 많이 발생하기도 하고, 인생의 가을에서 겪는 내적인 우울증도 경험한다.

특별히 여자들은 신경 호르몬의 변화와 쇠퇴, 마음의 상처 때문에 우울증에 쉽게 그리고 반드시 겪는 과정이기도 하다. 우울감은 인간 누구나 겪는 자연스런 현상이다. 다만 우울증으로 진행되어 병이 되었을 때 많은 일들을 야기한다. 우울증에 의한 자살률은 상당히 높다는 것은 삼척동자도 아는 사실이다. 사회성 인격 장애를 겪기도 한다. 무엇보다 가정생활에 심각한 어려움을 주기도 한다.

10여 년 전의 일이다. 아내가 매우 신경질적으로 별일도 아닌 일에 화를 내고, 짜증을 많이 내기 시작했다. 한인 의사에게 진료하러 갔다가 항우울성 약을 처방 받았다. 그 약을 먹고 다음 날에 부작용으로 쓰러진 경험을 했다. 즉시 약을 끊고 대화를 깊이 나누는 중에 '갱년기 우울증' 임을 알게 되었다. 특별한 이유가 없었다. 전형적인 갱년기 우울증이었다.

신경계 호르몬의 변화와 갱년기에 겪는 허무함이 뇌에 정착한 것이다. 당시에 사역과 삶이 안정되어 있는데 사춘기 아이들의 반항, 노년기를 생각해야 하는 중년의 허무와 두려움, 인생의 반환점을 돌아가는 여인의 가냘픈 마음에서 발출하는 마음의 반란이요 눈물이며, 또한 자연스런 현상이다.

이후에 아내와 더 많은 대화와 시간을 가졌으며, 화를 내도 같이 반응하지 않도록 노력하였다. 물론 힘든 과정이었다. 인내와 기다림이 필요한 시간이었다. 이러한 과정 속에 성숙과 성장의 과정을 통해 자존감이 업그레이드 되었고 우울증을 극복할 수 있었다.

우울증은 정신적인 질병이다. 특별히, 신경성 우울증은 시간이 필요하다. 이런 경우는 나이가 들면 자연스럽게 사라지곤 한다. 인내의 시간이다. 더불어 영혼의 평안을 갖도록 하며, 하고 싶은 일을 하고, 사랑으로 잘 돌봐주고 품어 주어야 한다. 50대 중반이 지난 지금은 우울 증상이 거의 없다. 몸이 약해지니 운동을 열심히 하고, 마음의 안정을 위해, 영혼의 안식을 위해 깊은 신앙생활을 하고 있다.

4. 우울증 자기진단

주요 우울 장애의 핵심 내용을 보면 진단 기준을 알 수 있다.

(1) 하루의 대부분, 그리고 거의 매일 지속되는 우울한 기분이 주관적 보고나 객관적 관찰을 통해 나타난다.
(2) 거의 모든 일상활동에 대한 흥미나 즐거움이 하루의 대부분 또는 거의 매일같이 뚜렷하게 저하되고 있다.
(3) 체중 조절을 하고 있지 않은 상태에서 현저한 체중 감소나 체중 증가가 나타난다. 또는 현저한 식욕 감소나 증가가 거의 매일 나타난다.
(4) 거의 매일 나타나는 불면이나 과다 수면이 나타난다.
(5) 거의 매일 나타나는 정신 운동성 초조나 지체를 나타낸다. 즉, 좌불안석이나 처져있는 느낌이 주관적 보고나 관찰을 통해 나타난다.
(6) 거의 매일 피로감이나 활력 상실을 나타낸다.
(7) 거의 매일 무가치감이나 과도하고 부적절한 죄책감을 느낀다.
(8) 거의 매일 사고력이나 집중력의 감소, 또는 우유부단함이 주관적 호소나 관찰에서 나타난다.
(9) 죽음에 대한 반복적인 생각이나 특정한 계획 없이 반복적으로 자살에 대한 생각이나 자살 기도를 하거나 자살하기 위한 구체적 계획을 세운다.

DSM-4(WHO 정신 질병 진단 분류)에서는 우울 장애와 양극성 장애가 기분 장애(mood disorders)의 하위 장애로 분류되었지만, DSM-5에서는 우울 장애와 양극성 장애가 증상은 물론, 원인, 경과, 치료 반응 등의 측면에서 뚜렷한 차이를 나타낸다는 최근의 연구 결과에 근거하여 각각을 독립적인 장애 범주로 분류하였다.

5. 우울증의 발생 원인들

주요 우울 장애의 원인과 발생 과정을 설명하는 대부분의 심리학적 이론은 부정적인 생활사건이 우울 장애의 발생에 중요한 역할을 한다고 본다. 이러한 일상생활에서의 자주 경험되고 부정적인 생활사건들이 오랜 기간 누적되면 우울 장애가 유발될 수 있는데, 이러한 사소한 생활 스트레스를 '경미한 생활사건'(minor life events)이라 부른다.

상실과 실패를 의미하는 부정적인 생활사건이 우울 장애를 촉발한다. 생활사건(life events)은 생활 속의 변화를 의미한다. 새로운 변화에 적응해야 하는 심리적 부담, 즉 스트레스를 주는 사건들을 뜻한다. 우울 장애의 발생에 영향을 주는 부정적인 환경적 요인은 크게 세 가지 유형, 즉 주요한 생활사건, 사소한 생활사건, 사회적 지지의 결여로 나누어 볼 수 있다.

양돈규는 "지속적이고 극심한 낙담과 절망의 상태로, 무관심과 개인적인 무가치함의 경험을 수반한다"라고 말했다. 이러한 사건의 세밀한 부분을 살펴본다면, 주요 생활사건에는 사랑하는 가족의 사망이나 심각한 질병, 자기 심각한 질병, 경제적 파탄과 어려움, 현저한 업무 부진이나 학업

부진 등의 다양한 사건이 포함된다.

부정적인 주요 생활사건과 심리적 충격의 강도

가까운 가족의 사망	100	친한 친구와의 심한 다툼	40
친한 친구의 사망	73	경제적 지위의 변화	39
부모의 이혼	65	전공의 변화	39
법적 구속	63	부모와의 갈등	39
심한 신체적 질병	63	학교나 직장에서의 업무 증가	37
해고나 실직	50	진학한 첫 학기	35
중요한 과목에서 실패	47	주거 상황의 변화	31
가족의 질병이나 손상	45	교사와의 심한 언쟁	30
성적(sexual) 문제	44	기대보다 낮은 성적	29

위의 결과로 보면 "가까운 가족의 사망" 곧, 부모나 형제, 자녀의 사망은 엄청난 충격을 주고 있으며, 이는 우울증 발생에 가장 큰 영향을 끼칠 것이다. 세월호 사건은 가족을 잃은 슬픔으로 인한 충격, 이로 인해 사고를 당한 가족뿐 만 아니라 많은 국민이 그 충격으로 상담 치료를 받았다. 그 가운데 우울증 증상과 유사하게 나타났다.

대형 참사를 접한 사람들에게 나타나는 이상 신호

정서 문제		슬픔, 우울함, 불안, 두려움, 짜증 등의 증상
수면 문제		잠들거나 잠에서 깨기 힘들어함. 악몽을 꾸거나 불면증 증세
행동 변화	아동	정서적 퇴행 현상. 떼를 쓰는 등 평소보다 어리게 행동할 수 있음
	청소년	반항적으로 바뀌거나 담배, 술을 찾거나 게임에 몰두하는 행동을 보일 수 있음
	성인	말수가 급격히 줄거나 다른 사람과의 만남을 피하려고 함. 뭘 해도 즐거움을 느끼지 못함
신체적 불편		피로감, 두통, 메스꺼움, 몸이 무거운 느낌, 평소보다 많이 먹거나 식욕이 떨어질 수 있음

세월호 사건으로 인한 트라우마를 보면 우울 증상의 현상, 곧 슬픔, 우울함, 불안, 두려움, 짜증, 불면증, 피포감, 식욕 부진 등의 증상이 나타났음을 볼 수 있다.

그러나 위와 같은 환경적 요인으로 우울 장애가 발생되기도 하지만, 부정적 생활사건만으로는 우울 장애의 발생과 심각도를 20퍼센트도 설명하지 못했다는 연구 결과가 있다. 이러한 사실은 우울 장애가 환경적 요인만으로는 설명될 수 없으며 개인의 심리적 요인이 고려되어야 함을 뜻한다. 이러한 이론은 다섯 가지로 분류할 수 있다.

1) 정신 분석적 이론

이 이론은 인간의 심리적 문제를 무의식적 동기와 갈등의 문제로 설명하며 우울 장애의 경우도 마찬가지로 생각한다. 프로이드(Freud)는 우울 장애를 분노가 무의식적으로 자기에게 향해진 현상이라고 보았다. 그는 우울 장애를 기본적으로 사랑하던 대상의 무의식적 상실에 대한 반응이라고 여겼다. 사랑하는 대상의 상실은 실제 일어난 일일 수도 있고 상상 속에서 또는 상징적으로 일어난 일일 수도 있다. 어떤 경우이든, 사랑하는 대상을 상실하는 경험을 하게 되면, 자기 중요한 일부가 상실되었다는 슬픔뿐만 아니라 자기를 버려두고 떠나간 대상에 대한 분노를 느끼게 된다.

그러나 이러한 분노의 감정이 향해 질 대상이 사라진 상태이고 도덕적 억압으로 인해 분노 감정이 무의식 속으로 잠복해 자기 자신에게로 향하게 된다. 이렇게 분노가 자기 자신에게로 내향화 하게 되면, 자기 비난, 자기 책망, 죄책감을 느끼게 되어 자기 가치감의 손상과 더불어 자아 기능을 약화시키게 되고 그 결과 우울 장애가 나타나게 된다. 이러한 과정은 무의식적으로 진행되기 때문에 당사자에게 자각되지 않는다.

아브라함(Abraham, 1946)은 이러한 프로이드의 견해를 좀 더 정교하게 발전시켜 설명하고 있다. 사람은 성장하면서 타인의 도움과 인정이 필수적이며 이런 측면에서 어머니는 가장 중요한 존재이다. 이런 어머니가 사랑의 주된 대상이 되는 것은 당연하다. 그러나 어머니는 아이의 요구를 항상 충족시켜 주지 못할 뿐만 아니라 때로는 좌절시키기도 하여 아이에게 미움의 대상이 되기도 한다. 이러한 과정 속에서 아이는 어머니에 대해서 사랑과 미움이 교차하는 양가적인 태도를 지니게 된다.

어머니로 대표되는 사랑의 대상을 실제로 또는 상징적으로 상실한 경우, 무의식적으로는 사랑의 감정을 지녔던 대상으로부터 버림을 받았다는 생각과 아울러 한편으로 미움의 감정을 지니고 있었던 사랑의 대상을 파괴하는 데 내가 기여했다는 생각이 교차하게 된다. 따라서 상실한 대상에게 미운 감정을 지니고 나쁜 행동을 해서 그 대상을 잃게 만들었다는 죄책감과 후회의 감정을 느끼는 한편, 사랑의 대상이 나를 버리고 떠나갔다는 생각으로 인해 기존의 분노 감정이 증폭된다.

그러나 분노 감정을 발산할 대상은 현실에서 사라진 상태이며 또한 죄책감으로 인해 분노 감정은 외부로 발산되지 못하고 결국 자기 자신에게 향하게 된다. 이렇게 분노가 자기에게 향해지는 중요한 이유가 또 하나 있다. 어린아이는 성장하면서 사랑의 대상인 부모를 자신과 동일시하면서 내면화하여 자기 심리적 일부로 지니게 된다.

따라서 자기를 버리고 떠나갔지만, 지금은 존재하지 않는 대상에 대해 분노를 표출하는 한 방법은 자기 내면에 남아 있는 대상, 즉 자기 자신을 미워하는 것이다. 이러한 과정을 통해 자기 자신에게 분노가 향해져 자기 책망, 자기 비난, 자기 실망을 유발하게 되어 우울 장애로 발전한다고 설명한다.

스티커(Stricker, 1983)는 인생 초기에 가장 중요한 존재인 어머니나 아버지를 실제로 또는 상상 속에서 상실해 무력감을 느꼈던 외상 경험(traumatic experience)이 우울 장애를 일으킬 수 있는 취약성으로 작용한다는 것이다. 이런 상실 경험을 지닌 사람이 성장 후에 이혼, 사별, 중요한 일에서의 실패와 같이 상실이나 좌절 경험을 하게 되면, 어린 시절의 외상 경험이 되살아나고 어린 시절로 퇴행하게 된다.

이러한 퇴행의 결과로 무기력감과 절망감에 사로잡혀 우울 장애로 발전하게 된다. 우울 장애는 어린 시절에 자기에게 중요한 타인을 상실한 경험속에 무력감을 느꼈던 심리적 상처의 반영 또는 재발이라는 것이다.

비브링(Bibring, 1953)은 손상된 자기 존중감을 우울 장애의 가장 주요한 특징으로 보았다. 우울해지기 쉬운 사람들은 강한 자기도취적 또는 자기애적 소망을 지니고 있다. 즉, 자기가 가치 있고 사랑받는 존재여야 하며 늘 강하고 우월해야 할 뿐만 아니라 선하고 사랑을 베푸는 사람이어야 한다는 높은 자아 이상을 지닌다. 그러나 이러한 이상은 현실적으로 충족되기 어려운 것으로 이상과 현실의 지속적 괴리는 자기 존중감을 손상시키고 그 결과 우울 장애를 유발한다는 것이다.

위의 주장들을 살펴보면 특별히 어릴 적의 사건과 심리가 무의식 속에 상처와 우울함으로 잠겨 있던 바 현실적으로 충족되지 못하는 괴리감 속에서 자기 존중감이 손상되었음이 우울 장애로 나타날 수 있다는 것을 보여 준다.

2) 행동주의적 이론

행동주의적 입장에서는 우울 장애가 사회 환경으로부터 긍정적 강화가 약화되어 나타난 현상이라고 본다. 이는 스키너(skinner)의 조작적 조건 형성 이론에 기초하여 우울 장애를 설명하고 있는데 이것의 기본 원리는 여러 가지 행동 중 강화를 받은 행동은 지속되는 반면, 강화를 받지 못한 행동은 소거된다는 이론이다. 즉, 인간의 여러 조건에 의해 우울 증상이 학습된다는 것을 강조하는 이론이다.

예를 들어, 사람은 보통 일상생활 속에서 칭찬과 격려, 지지, 보상과 도움 그리고 즐거운 감정 등을 통해 긍정적인 강화를 받기 마련인데 행동주의 이론에서는 우울 장애가 부모의 죽음과 경제력 상실 그리고 낙제 등 긍정적 강화의 결핍으로 인해 그 결과 우울 증상이 나타나는 것을 말한다.

오늘날 긍정적 사고방식이 행동주의적 이론이라 할 수 있는데 다만 긍정적 강화가 결핍된 상황에서 접근하면 자칫하면 우울 증상을 지속시키는 역효과를 나타낼 수도 있는 위험성을 지니고 있다.

우울 증상이 이러한 사회적 기술과 우울증에 대한 행동주의적 관점에서는 자신이 다른 사람을 대하는 행동 방식을 유심히 관찰하고, 다른 사람과 친밀하고 효과적인 관계를 맺을 수 있는 행동 방식을 새롭게 시도하고 발전시켜 나가는 노력을 통해 사회적 기술 강화, 긍정적 강화를 통한 자존감 회복으로 즐겁고 행복한 삶을 살 수 있다.

따라서 교회 공동체 안에서의 효과적인 예배와 소그룹 모임, 친교와 봉사는 사회적 기술의 함양을 통해 우울증을 치료할 수 있는 중요한 행동주의적 이론이 될 수 있다.

3) 학습된 무기력 이론

이는 긍정적 경험을 즐기는 능력은 부족한 반면, 부정적 경험에 대한 민감성이 높은 경우이다. 1975년 마틴 셀리그먼(Martin Seligman, 1942-)에 의해 처음 제기되었으며 귀인이론(attributional theory of depression)으로 개정 과정을 거친 후에 현재는 절망감 이론으로 발전하였다.

"학습된 무기력 이론"은 개를 대상으로 조건 형성 실험을 하는 과정에서 우연히 발견된 사실로부터 발전되었다. 이 실험의 1단계에서 개가 도망을 못하도록 하루 동안 전기 충격을 주었으며, 2단계에서는 개를 자유롭게 풀어놓아 옆방으로 도망갈 수 있는 상태에서 전기 충격을 주었다.

이때 개는 도망갈 수 있는 상태인데도 움직이지 않은 채 전기 충격을 그대로 받은 결과를 낳았다. 반면, 1단계 실험을 거치지 않고 2단계 실험에서 전기 충격이 주어지면 곧바로 옆방으로 도망감으로 전기 충격을 피한 것이다. 더욱이 놀라운 것은 1단계 실험을 경험한 개는 나중에 옆방으로 도망쳐서 전기 충격을 피할 수 있다는 것을 경험해도 다시 전기 충격이 주어지면 앞방으로 도망치지 않은 채 그 충격을 고스란히 받았다는 것이다.

즉, 전기 충격을 받은 개는 회피할 수 없다는 '무력감'이 학습되어 상황을 변화시키기 위한 아무런 노력을 하지 않게 된다. 이를 사람에게 적용한다면, 혐오적 소음을 계속 들려줬을 때 반복적으로 실패하게 되면 이 모습이 '학습된 무기력'이 되어 문제를 풀 수 있는 상황에서도 노력을 포기하기에 이르는 반응을 보이게 된다. 어떤 충격적 경험이 부정적 생각으로 자리잡아 '학습된 무기력'의 상태로 되었을 때 이를 벗어나려는 생각을 아예 포기하는 경우이다.

그러나 이러한 이론의 한계점은 사람에게 있어서는 동물 실험에서의 조건 형성에 의해 수동적으로 학습된 것이라기 보다는 미래에 대한 부정적 기대 때문이라는 반론에 부딪히게 된다.

또한, 어떤 부정적 결과가 자기와 무관하게 통제 불능 상황에 의해 생겨난 것이라면, 왜 사람들은 실패에 대해 자기를 책망하는 것인가?

아울러 학습된 무기력 이론은 우울 장애가 발생하는 과정에 대해서는 설명하고 있지만 우울 증상의 강도나 만성화 정도가 어떻게 결정되는지에 대해서는 설명할 수 없었다. 이를 극복하기 위해 나온 이론이 바로 우울증의 귀인이론(attributional theory of depression) 이다.

4) 우울증의 귀인이론(attributional theory of depression)

이는 학습된 무기력 이론이 지니고 있는 문제점을 해결하기 위해, 1978년 아브람손(Abramson)과 그의 동료들이 사회 심리학의 귀인이론을 적용하여 발전시킨 이론이다. "귀인"(attribution)이란 '결과의 원인을 ~으로 돌린다'라는 뜻으로써 자신이나 타인이 한 행동의 결과에 대해 그 원인을 추론하는 과정이며, 귀인의 결과는 개인의 행동에 지대한 영향을 미친다.

한 사람의 행동이나 결과를 보고 그 원인을 여러 가지 방식으로 귀인하게 되는데 크게 세 가지 방향의 귀인이 이루어진다.

첫째, 가장 주된 귀인 방향은 '내부적-외부적 귀인'이다.

내부적 귀인(Internal attribution)은 행위자의 내부적 요인(예: 성격, 능력, 동기)에 그 원인을 돌리는 것이다. 이와는 반대로 외부적 귀인(external attribution)은 행위자의 밖에 있는 요소 즉 환경과 상황, 타인, 우연 그리고 운 등의 탓으로 돌리게 되는 경우를 말한다.

실패 경험(예: 성적 불량, 사업실패, 애인과의 결별 등)에 대해 내부적 귀인(예: 능력 부족, 노력 부족, 성격적 결함 등)을 하게 되면, 자존감에 손상을 입게 되어 우울감이 증진된다. 그러나 같은 실패 경험이라도 외부적 귀인(예: 잘못된 시험 문제, 전반적 경기 불황, 애인의 변덕스러움 등)을 하게 되면, 자존감의 손상은 적게 된다. 즉, 실패한 결과가 자기 부정적 요인 때문이라는 평가를 하게 될 경우에만, 자기 책망을 통해 자존감의 상처를 입게 되어 우울 장애로 발전하게 된다는 것이다.

둘째, '안정적-불안정적 귀인'이다.

안정적 귀인(stable attribution)은 그 원인이 내부적인 것이든 외부적인 것이든 시간이나 상황에 상관없이 비교적 변함이 없는 원인에 돌리는 경우를 의미한다. 반면, 불안정적 귀인(unstable attribution)은 자주 변화될 수 있는 원인에 돌리는 경우이다. 예를 들면, 내부적 요인 중에서도 성격이나 지적 능력은 비교적 안정된 요인이라고 할 수 있지만, 노력의 정도나 동기는 변화되기 쉬운 것이다.

셋째, '전반적-특수적 귀인'(Global-specific attribution)이다.

이 차원은 귀인 요인이 얼마나 구체적으로 한정되어 있는지의 정도를 의미한다. 예를 들면, 이성에게 거부당한 일에 대해 성격이라는 내부적-안정적 귀인을 한 경우에도 그의 성격 전반에 귀인 할 수도 있고, 그의 성격 중 '성급하다'는 일면에만 구체적으로 귀인 할 수도 있다.

수학 과목에서 성적이 나쁘게 나와 자기 능력 부족에 귀인 할 경우, '나는 머리가 나쁘다'라고 일반적인 지적 능력의 열등감에 귀인 할 수 있고, '나는 수리 능력이 부족하다'고 구체적인 지적 능력에만 귀인 할 수도 있다.

자신이나 타인의 행동에 대해 그 원인을 어떻게 귀인 하느냐에 따라 우리의 감정과 행동이 달라지게 된다. 일반적으로 사람들은 자존감을 유지하기 위해서 '방어적 귀인'(defensive attribution)을 하는 경향이 있다. 즉, 좋은 결과는 자기 탓으로 돌리고 나쁜 결과는 외부적 요인으로 돌리는 경향(예: 상황 탓, 남 탓, 조상 탓, 묘 자리 탓 등)이 있다.

그러나 우울한 사람들은 이와는 반대의 경향이 나타난다는 것이 개정된 무기력 이론의 골자다. 즉, 귀인 양식만으로는 우울 장애의 정도를 설명하기 어려울 뿐만 아니라 이러한 귀인 양식이 적용될 수 있는 부정적인 생활 스트레스가 우울 장애 유발의 중요한 요인으로 포함되어야 한다는 주장이 제기되었다.

6. 가장 대표적인 심리학적 이론 – 아론 벡(Aron Beck)의 인지이론

현재 우울 장애를 설명하는 가장 대표적인 심리학적 이론은 아론 벡(Aron Beck 1963, 1964, 1976; Beck et al., 1979)에 의해 제시된 '인지이론'이다. 인지이론에 따르면 우울 장애를 유발하는 일차적 요인은 부정적이고 비관적인 생각이다. 어떤 생각을 자꾸 반복하게 되면 습관화되어 의식적 자각 없이 자동적으로 진행되어 흘러가게 된다.

벡은 이러한 사고 과정을 매우 중요하게 여겨 자동적 사고(automatic thoughts)라고 지칭했다. 우울한 사람들이 지니는 부정적인 자동적 사고를 분석해 보면 그 내용이 크게 세 가지 주제로 나누어진다.

즉, 우울한 사람들은 자기 자신, 자기 미래, 주변 환경을 부정적으로 평가하는 독특한 사고 방식을 지니고 있다. 이 세 가지의 주제에 대한 독특한 사고 패턴을 인지 삼제(cognitive triad)라고 한다.

인지이론에 따르면, 우울한 사람들은 생활사건의 의미를 부정적으로 해석하는 역기능적인 인지 도식을 지니고 있다. 이것이 어린 시절의 경험에 의해 형성되면 이후 부정적인 생활사건에 직면하게 될 때마다 활성화되어 그 사건의 의미를 부정적으로 왜곡함으로써 우울 증상을 유발하는 것이다. 벡의 이러한 주장 인지이론 도식을 보면 아래와 같다.

Beck의 인지이론 도식

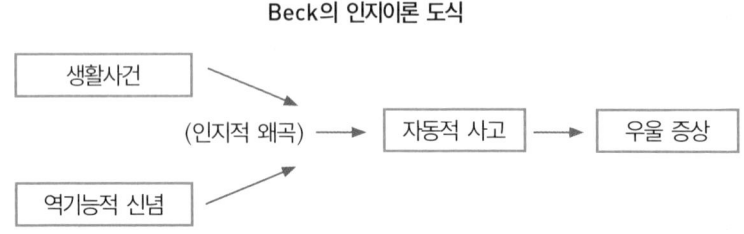

인지이론에 의한 우울증 치료는 우울 증상의 원인에 '부정적 사고'와 '비관적인 사고'의 자동적 사고를 개선하는 길이 될 것이다.

이 외에 생물학적 입장에서는 유전적 요인, 신경 전달 물질, 뇌 구조의 기능, 내분비 계통의 이상이 우울 장애와 관련된 것으로 주장되고 있다.

이에는 여러 가설들이 있는데 '내분비 장애'가 우울 장애와 연관되어 있다고 주장한다.

그러나 이보다는 생체 리듬의 이상이 우울 장애를 유발하는데 더 많은 영향이 있다고 주장하는 사람들도 있다. 예를 들어 계절성 우울 장애는 생체 리듬과 밀접한 관계가 있는 것으로 여겨지는 것이다.

생활사건(예: 대인 관계의 손상, 업무의 과중, 생활 패턴의 변화 등)으로 정규적인 사회적 리듬이 깨어지게 되면, 생물학적 리듬이 불안정해지고 그 결과 취약한 사람들에게 우울 장애가 유발될 수 있다는 주장이다.

결과적으로 우울증의 원인과 이론은 매우 다양하다. 따라서 이에 대한 치료는 그 원인을 잘 파악하여 적절한 이론에 의한 대처가 필요하다.

Our Journey to Self-Esteem

제10장
우울증에 대한 일반적 치료 방법

　우울 장애는 시간과 상황이 변함에 따라 자발적으로 회복되는 경우가 많다. 그러나 때로는 의욕 상실과 사회적 위축 등으로 인해 인생의 중요한 단계에서 업무 수행이나 대인 관계를 소홀히하여 평생 동안 부정적인 영향을 미칠 수도 있다. 뿐만 아니라 우울 장애가 심한 경우에는 자살과 같은 치명적인 결과를 낳을 수도 있으므로 가능한 한 빨리 전문가의 치료를 받는 것이 바람직하다.

　우울 장애에 대한 가장 효과적인 치료 방법은 "인지치료와 약물치료"로 알려져 있다. 앞에서 언급했던 인지치료(Beck dt al., 1979)에서는 우울한 내담자의 사고 내용을 정밀하게 탐색하여 인지적 왜곡을 찾아내어 교정함으로써 보다 더 현실적으로 긍정적인 사고와 신념을 지니도록 유도한다.

　이는 내담자로 하여금 자기 내면적 사고를 관찰하고 조절하는 능력을 향상시킨다. 자신을 우울하게 만드는 현실 왜곡적인 부정적 사고를 자각하여 보다 합리적인 사고로 대체함으로써 현실에 효과적으로 적응하는 능력을 키우게 된다.

아울러 자기와 세상에 대한 잘못된 믿음과 비현실적 기대로 구성되어 있는 역기능적인 신념을 깨닫게 되고 이를 보다 유연하고 현실적인 신념으로 대체하게 된다.

인지치료는 근본적으로 내담자가 자기 자신과 삶에 대해서 보다 더 현실적이고 유연한 태도를 갖도록 유도한다. 이를 통해 인생의 좌절을 유연하게 극복하고 현실에 효과적으로 적응할 수 있는 지혜롭고 현명한 사람이 되도록 돕는 것을 목표로 하고 있다. 인지치료는 내담자를 우울하게 만드는 부정적인 자동적 사고와 역기능적 신념을 찾아내고 차별화시키기 위해 다양한 구체적 기법들(예; A-B-C기법, 소크라테스의 대화법, 일일 기록표 방법, 설문지 검사 기법, 일기 쓰기, 행동 실험법, 하향 화살표법 등)을 갖추고 있다.

아울러 인지의 변화뿐만 아니라 내담자의 부적응적 행동을 변화시키기 위한 여러 가지 행동치료 기법이 적용되기도 한다. 우울 장애의 경우에 적용되는 행동치료 기법에는 자기 생활 관찰표 작성하기, 문제 해결법 훈련하기, 자기주장 훈련하기 등이 있다.

이렇게 인지의 변화뿐만 아니라 행동의 변화를 유도하기 위해 행동치료 기법을 사용하기 때문에 인지치료를 '인지행동치료'라고 부르기도 한다. 인지행동치료(cognitive-behavior therapy)에 대한 사례 공식화 접근(case formulation approach)은 환자의 특별한 필요들을 융통성 있게 만족시켜 주고, 치료사의 의사 결정을 안내하며, 근거 기반(evidence based)의 인지행동치료(CBT)를 제공하기 위한 틀(framework)이다.

사례 공식화 주도 CBT는 새로운 치료가 아니다. 이것은 경험적으로 지지된 CBT와 이론들을 일상적인 임상 장면에 적용하기 위한 한 방법이다.

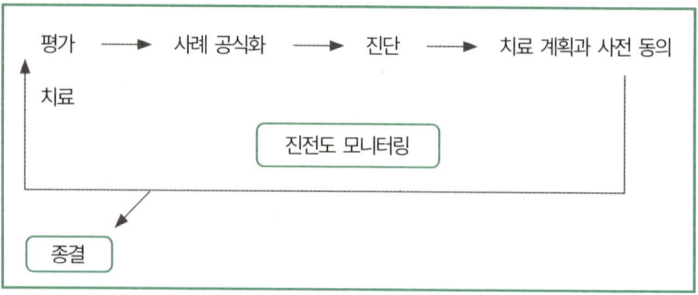

- **CBT에 대한 사례 공식화 접근**

사례 공식화 접근을 통해 치료자는 의사 결정을 위해 공식화를 사용하고, 치료의 진전도를 모니터하기 위한 자료를 수집하고 필요할 때 조정하기 위해 환자와 작업한다. 이 모든 것은 협력적인 치료적 관계라는 맥락에서 일어난다. 목회 상담적 접근과 치료에 있어서도 "인지행동치료"는 많이 활용된다.

1. 성경에 나타난 우울증 상담에 대한 성경적 근거와 치유 사례

1) 구약에 나타난 상담자(Counselor)로서의 하나님 (사 9:6)

기독교 구약성경 주석은 신약성경이 예수 안에서 성취된 것으로 해석되는 요소들을 제공한다. 그 가운데 중요한 구절이 바로 이사야 9:6에 대한 메시아에 대한 속성을 표현하는 '기묘자'라는 단어 속에 상담자로서의 하나님을 보여 주는 대표적 성구이다.

기묘자는 "Wonderful Counselor"로 표현하는데 히브리어 '야아츠'에서 파생된 '에차'라는 명사이다. 이는 이사야가 예언한 오실 메시아에 대해 쓰인 여러 이름 중 하나로(사 9:6) 다른 말로는 '펠레'(pele)이다.

'기묘'는 '경이', '비범' 등을 뜻하는 명사인데 여기서는 형용사적으로 쓰였다. 공동 번역에서는 기묘자라는 말을 '탁월한 경륜가'로 표현했다. 또한, 마노아에게 나타나신 하나님의 사자는 "내 이름은 기묘니라"(삿 3:18)고 표현했다. 조언자는 도움말을 해 주는 사람이다. 조언이란 그 사람이 해 주는 도움말을 가리킨다. 즉, 메시아를 표현한 '기묘자'의 의미 속에서 예수 그리스도는 'Woderful Counselor'가 되신다.

이사야 9:5-6은 다윗과 같은 시온의 왕권에 대해 이는 메시아를 나타내며, 다윗의 자손이며 하늘과 땅의 신령한 왕 예수 그리스도 안에서 성취된 것을 보라고 그리스도인들에게 권한다. 따라서 예수님은 가장 위대하신 상담자가 되심으로 질병을 치유하실 뿐만 아니라, 우울병을 치료하시고 회복시켜 주시는 '기묘자'가 되신다.

2) 신약에 나타난 상담자이신 '보혜사'(요 14:16)

예수님께서는 요한복음 14:16을 통해 "…또 다른 보혜사를 너희에게 주사 …"라고 약속하셨다. 그때의 '보혜사'는 'another Counselor'의 의미를 갖고 있다. '보혜사'($παρακλητοξ$, 파라클레토스)라는 용어는 수동의 의미를 지닌 동사적 형용사로 "옆에 불리어지는 자"(호 파라케 클레메노스)와 동일한 뜻을 지닌다.

즉, '보혜사'는 예수께서 보내신 "다른 상담자"이신 데 구약 이사야 9:6의 '기묘자'와 같은 속성을 가지신다. 이는 요한복음 15:26의 "예수를 증거하시는 영"이시다. 따라서 성령님의 속성은 "상담자"이심을 가르킨다.

성령 하나님이 예수께서 하신 사역을 그대로 행하심으로 우울증을 치유하시고 회복시켜 주신다.

2. 성경에 나타난 우울증 사례와 치유

1) 욥의 우울증과 치유

욥은 감당하기 어려운 불행한 일을 당함으로 낙담과 절망 그리고 고통을 당하였다. 가족과 재산을 모두 잃은 아픔보다 그를 더욱더 우울하고 절망 속으로 빠뜨린 이유는 아내와 친구들의 말과 태도였다. 아내는 욥에게 "당신이 섬기는 하나님을 욕하고 죽으라"(욥 2:9)고 말함으로 우울함과 절망이 절정에 이르게 하였다. 어려울 때 가장 큰 버팀목이 되어야 할 아내로부터 저주의 말까지 들은 셈이다.

세 친구(엘리바스, 빌닷, 소발) 역시 욥을 위로한 것이 아니라 욥이 분명 죄를 지었기 때문에 하나님으로부터 벌을 받았다고 정죄의 마음으로 욥에 접근하였다. 이런 상황 속에서 욥은 우울증 증상들을 보이고 있다.

첫째, 극도의 슬픔이다.

어찌하여 고난 당하는 자에게 빛을 주셨으며 마음이 아픈 자에게 생명을 주셨는고 (욥 3:20).

둘째, 불면증의 증세이다.

내가 누울 때면 말하기를 언제나 일어날까 언제나 밤이 갈까 하며 새벽까지 이리 뒤척 저리 뒤척 하는구나(욥 7:4).

셋째, 비관의 태도이다.

여인에게서 태어난 사람은 생애가 짧고 걱정이 가득하며(욥 14:1).

넷째, 허무이다.

나는 온전하다마는 내가 나를 돌아보지 아니하고 내 생명을 천히 여기는구나(욥 9:21).

다섯째, 절망을 보인다.

나에게는 평온도 없고 안일도 없고 휴식도 없고 다만 불안만이 있구나(욥 3:26).

여섯째, 비탄을 보인다.

> 내 눈은 근심 때문에 어두워지고 나의 온 지체는 그림자 같구나(욥 17:7).

일곱째, 자살 충동을 느낀다.

> 죽기를 바라도 오지 아니하니 땅을 파고 숨긴 보배를 찾음 보다 죽음을 구하는 것을 더 하다가(욥 3:21).

이러한 욥이 고통과 깊은 절망의 수렁에서 어떻게 벗어나게 되었는지를 살펴보자.

첫째, 욥은 하나님이나 사람을 원망하지 않았다.

> 내가 모태에서 알몸으로 나왔온즉 또한 알몸이 그리도 돌아 가올지라 주신이도 여호와 이시오 거두신이도 여호와시오니 여호와의 이름이 찬송을 받으실지니이다(욥 1:21).

이것은 모든 것을 주관하시는 분은 하나님이며, 우리는 그의 뜻에 감사하고 그 분을 찬양해야 한다는 것을 말하고 있다.

둘째, 욥은 6:10에서 이렇게 고백한다.

> 그러할지라도 내가 오히려 위로를 받고 그칠 줄 모르는 고통 가운데서도 기뻐하는 것은 내가 거룩하신 이의 말씀을 거역하지 아니하였음이라(욥 6:10).

이는 지금 고통이 있지만 내가 하나님의 말씀을 준수하고 거역하지 아니하였기 때문에 신실하신 그 분이 나를 구원하실 것이라는 것을 신뢰한 것이다.

셋째, 욥은 자기가 하나님이 창조하신 피조물이라는 것을 기억하고 있었다.

> 주의 손으로 나를 빚으셨으며 만드셨는데 이제 나를 멸하시나이다(욥 10:8).

> 생명과 은혜를 내게 주시고 나를 보살피심으로 내 영을 지키셨나이다(욥 10:12).

넷째, 욥은 친구들의 논리를 반박하고 신앙으로 일관할 것을 다짐하면서 공포를 제거하고 하나님에게 교통할 수 있게 해 주실 것과, 죄가 있으면 가르쳐 달라고 하나님에게 구하였다(욥 13:1-23).

다섯째, 욥은 "내가 가는 길을 그가 아시나니 그가 나를 단련하신 후에는 내가 순금같이 되어 나오리라"(욥 23:10)라고 하는데, 이는 고난 중에서도 하나님의 인도하심과 그 고난을 통해 자기가 더 귀한 존재로, 더 귀한 마음을 가진 자로 나온다는 확신이 있었다. 이를 보면 욥은 "모든 것이 합력하여 선을 이루신다"(롬 8:28)는 사실을 신뢰하고 있음을 본다.

또한, 화가 변하여 복이 됨을 우울증을 통해 욥은 경험하였다. 절망으로 끝난 것이 새롭게 거듭나는 신앙인이 되었다.

> 내가 주께 대하여 귀로 듣기만 하였삽더니 이제는 눈으로 주를 뵈옵나이다(욥 42:5).

욥기 42:5의 말씀은 욥의 신앙이 이러한 우울증과 절망의 환경을 극복하면서 치유와 회복, 성장하는 계기가 되었다. 욥의 치료 과정을 보면 가장 중요한 내담자의 의지가 크게 작용한다.

목회상담학적으로 치유 과정을 살펴보자.

첫째, "치료의 열쇠는 결단이다"라는 내담자의 적극적인 의지를 가지고 있다.

둘째, 욥에게 지지 세력은 없었지만 하나님에게 자기 아픔을 토로하는 동반자요. 친구되시는 하나님을 전적으로 신뢰하였다. 하나님이 그의 상담자가 되었다.

셋째, 제이 아담스의 '말씀에 의한 절대적 신뢰'를 통한 회복을 경험하였다.

2) 모세의 우울증과 치유

모세 우울증의 모습은 "스트레스"에 의해 발생한다. 이 스트레스는 백성들의 하나님과 모세에 대한 원망과 불평 때문에 심신이 지쳐 있었고, 백성들에 대한 낙심과 절망에 대한 스트레스였다. 민수기 11:12-14에 의하면 이스라엘을 지키시고 인도하는 것이 자기가 주도적으로 행하고 있다고 생각했기 때문이다.

그러므로 현실에 대한 백성들에 대한 시각과 자신 역시 하나님에 대한 원망과 불평을 쏟아 놓음으로 스트레스가 극에 달하게 되었다. 현실 삶의 무게에 대한 스트레스와 신앙적 스트레스가 우울증의 가장 중요한 첫 번째 요인이라 할 수 있다.

이에 대한 하나님의 돌보심은 어떻게 나타났는지 살펴보자.

첫째, 70인의 장로를 세움으로 모세의 책임과 직무를 덜어 준다(민 11:16).

둘째, 만나와 메추라기를 내려 줌으로 백성들의 불평을 해결해 주신다(민 11:9, 31).

셋째, 모세가 우울감에 무기력에 빠졌을 때 하나님은 그와의 관계를 지속시키셨다.

결국, 하나님은 모세의 우울증을 유발한 환경을 바꾸어 주셨고, 모세의 힘을 덜어 주시며, 계속해서 모세를 돌봐 주시고, 하나님의 선하신 뜻을 이루어 주신다(민 11:16-18).

게리 콜린스는 내담자의 스트레스에 대한 해결책을 이렇게 말했다.

> 내담자 자기 감정을 나눌 수 있도록 격려하고, 스트레스 관리를 위한 실제적인 접근 방식을 논의하라. 그리고 당신은 내담자로 하여금 어떤 상실에도 삶을 지속할 수 있는 방식을 발견하도록 도우라.
> (It is well known that the stresses of life stimulate depression, especially when these stresses make us feel threatened or when they involve a loss …).

모세의 우울증은 상처와 분노, 복수 등의 형태로 나타날 수 있는 원인이 될 수 있다.

게리 콜린스의 우울증에 의한 분노의 내재화 과정을 토대로 설명하자면 아래와 같다.

① Hurt - 모세는 백성들의 비 신앙적 행태와 불평과 원망, 하나님에 대한 실망으로 상처를 입는다.
② Anger(this hides the hurt) - 모세의 내적 상처는 분노의 형태로 내재화 되어있다. 아무한테도 이야기하지 않고 처음에는 상처를 숨기고 있다.
③ Revenge(this hides the hurt and anger) -민수기 11:15의 원망 속에 그의 상처와 분노가 숨겨져 있음을 볼 수 있다.

> 주께서 내게 이같이 행하실 진대 구하옵나니 내게 은혜를 베푸사 즉시 나를 죽여 나로 나의 곤고함을 보지 않게 하옵소서(민 11:15).

이러한 복수의 마음 속에는 파괴적 행동(destructive action - 하나님과의 관계, 백성과의 관계, 자기 자신과의 관계가 파괴되는 불신앙적 모습이 표출된다)과 수동적 공격(psychosomatic symptoms - 하나님을 원망하는 것과 백성들을 미워함), 우울증(depression- 상처, 분노, 복수 등을 숨긴다. 모세는 분노와 절망에 빠지게 된다)으로 나타난다.

모세의 우울증은 이러한 스트레스가 그의 리더십과 신앙적 실패로 인한 무가치감과 분노가 섞인 우울 증상으로 나타났다. 이에 대한 하나님의 반응은 "돌봄"과 "백성들의 욕구에 응답하심"으로 모세의 우울증을 극복했다. 따라서 우울증의 치료 방법은 들어주고, 감정을 풀어 주며, 격려하며, 필요한 욕구를 채워 주며, 소망을 심어 주는 것이다.

3) 다윗의 우울증과 치유

성경 인물 중 다윗과 같이 인생의 굴곡을 심하게 겪은 인물도 없을 것이다. 일곱 아들 중 막내로 태어나서 사울의 후계자로 세워지게 됨으로 이스라엘의 2대 왕으로 등극하게 된다.

그러나 사울왕의 시기 때문에 도망자로서 살아야했던 시절, 왕이 된 이후에는 자녀들이 죽고, 반란을 일으키고, 형제들의 난 때문에 편안한 날이 없을 정도였다. 무엇보다 큰아들 압살롬의 반란과 밧세바를 범하고 남편 우리아를 죽인 간접적 살인은 그의 생애에 큰 오점으로 남는다.

(1) 시편 13편에 나타난 다윗의 우울증과 하나님의 치유

시편의 많은 부분을 지은 다윗의 시 가운데 시편 13:1-6에서 그의 우울한 모습과 하나님의 치유하심을 확실하게 볼 수 있다.

1절에는 현재 상황에 대한 답답함을, 2절에는 근심과 원수로부터 해가 당할 것 같은 불안감을, 3절에는 죽음에 대한 두려움을, 4절과 5절에는 대적들에 대한 원망과 불안, 분노, 죽음에 대한 두려움을 진솔하게 고백하고 있다.

우울증의 현상과 하나님과의 관계에 있어 내재된 무력감 등이 답답함, 불안감, 두려움, 분노, 절망 등의 모습으로 나타나고 있다. 그러나 5절과 6절에서 반전이 일어난다.

> 나는 오직 주의 인자하심을 의뢰하였사오니 내 마음은 주의 구원을 기뻐하리이다 내가 여호와를 찬송하리니 이는 나를 후대하심이로다(시 13:5-6).

이 시에 나오는 예배자가 탄식한 고통은 아마도 중병에 의해 야기된 죽음에 대한 공포나 죽음의 임박성 때문인 것으로 추정된다. 죽음의 질병, 또는 원수로부터의 생명의 위협 가운데에서의 두려움과 불안, 이때 아무런 하나님의 도우심을 얻지 못함에 대한 원망의 토로를 하게 된다.

하지만 5절과 6절에서는 자기를 구원해 주시고 돌보아 주심에 대한 기쁨과 감사의 찬송으로 매듭짓고 있다. 다윗은 "주님의 인자하심을 신뢰"하였고, "주님의 구원을 기뻐"하며 찬양하였다. 여기에는 하나님이 어떻게 치유하셨으며, 다윗은 어떻게 치유 받을 수 있었는지에 대해 두 가지 관점을 살펴보아야 한다.

첫째, 하나님은 신실하심으로 다윗을 끝까지 돌봐 주셨다.

그리고 그의 모든 원망과 불안, 두려움과 절망적인 탄원을 들어 주셨다. 그리고 결국 치유해 주심으로 구원의 하나님이심을 체험케 하셨다.

둘째, 다윗은 우울 증상이 나타나는 고통 속에서 하나님에게 자기 감정을 숨기지 아니하고 그대로 토로하였다.

상담에 있어 가장 중요한 출발은 자기 마음과 감정을 있는 사실 그대로 토로하는 것이다. 그리고 이를 간절하게 간구하는 기도로 승화시킨다(3절과 4절).

시편 62:8에는 이렇게 적고 있다.

> 백성들아 시시로 저를 의지하고 그 앞에 마음을 토하라 하나님은 우리의 피난처시로다
> (시 62:8).

하나님을 의지하고 마음을 토함으로 하나님이 피난처이심을 고백한다. 즉, 우울증과 아픔 등의 마음을 하나님에게 토로하는 것은 좋은 치유책이 될 수 있다.

이러한 모습이 기도라 할 수 있다. 기도 속에서 하나님의 치유를 경험함으로 하나님의 놀라우신 섭리와 뜻을 발견함으로 찬송으로 끝맺고 있다. 따라서 우울한 자기 모습, 자기 감정을 토로하도록 한다. 이어서 회복을 위해 기도의 자리로 나와 간절히 간구하며, 하나님의 구원과 역사하심에 대한 소망을 가지고 주님 앞에 나올 수 있는 믿음이 필요하다.

(2) 시편 23편의 배경 속에서 발견되는 다윗의 우울증과 치유

이 밖에도 시편 23편에서는 큰 아들 압살롬의 반란 때문에 광야로 쫓겨나 2년 동안 자존감이 무너지고, 부끄러운 자기 모습에 한탄과 우울함을 경험하였을 때 그 속에서 말할 수 없는 하나님의 위로를 경험하였다.

시편 23편 1절에서 다윗은 "여호와는 나의 목자시니"를 통해 하나님의 돌봄에 대한 정확한 인식과 경험을 가지고 있었다. 즉, 여호와(야웨, יהוה)는 시편 전체의 주제를 정해 주고, 여호와는 목자로 불려진다. 이는 하나님이 그의 백성들을 돌보아 주신다는 사실에 내재된 의미들을 그려냄으로써 그 은유적인 내용을 발전시킨다.

즉, 다윗은 자식으로부터의 배신으로 상처와 2년 동안의 광야 생활 속에 그의 우울함과 자존감의 상처, 분노와 원한을 "여호와의 돌보심" 속에

서 은혜와 위로를 경험함으로 시편 가운데 가장 위대한 23편을 노래하고 있는 것이다. 역기능적 가족 관계(특별히 자녀와의 관계) 속에서 우울함의 극에 달한 다윗을 치유한 것은 하나님의 돌보심에 확신이었다.

(3) 시편 51편에 나타난 다윗의 우울증과 치유

시편 51편은 다윗의 "회개의 기도"이다. 다윗이 계획한 대로 우리아가 죽고 밧세바가 아이를 낳은 후에 나단이 다윗을 찾아가 대면한 상황(삼하 12:1-14)에 위치하고 있는 죄를 고백하고 용서를 탄원하는 시이다.

그가 밧세바를 범했던 간음의 죄는 이후 이를 은폐하기 위해 우리아를 전장터에 내보내 죽게 하는 고의적 살인죄까지 저지르게 만든다. 이때 선지자 나단이 준엄한 하나님 뜻을 다윗에게 전했을 때 그가 회개한 내용이다. 여기서 다윗은 자기 죄를 인정하며(3절), 우슬초로 깨끗케 해 달라는 간구와 죄 용서를 구하는 기도(7절)를 드린다. 그리고 하나님의 용서에 대한 확신을 가짐으로 소망을 갖게 된다(19절).

다윗의 우울증은 "죄"로 인한 것이다. 우울증의 원인을 알았을 때 이의 치료 방법은 "회개"이다. 제이 아담스의 권면적 상담은 성경 말씀을 권면함으로 그 권위에 순종할 때 우울증도 치유될 수 있음을 강조한다. 즉, 우울증의 원인이 죄에 대한 부분은 철저하게 회개할 때, 후히 주시고 꾸짖지 아니하시며, 모든 죄를 양털같이 희게 하시는 하나님의 용서와 은혜를 경험하게 된다. 이를 통해 우울증과 무너진 자존감이 회복되는 역사가 일어날 것이다.

(4) 시편 9편에 나타난 다윗의 우울증과 치유

다윗은 "감사" 시편 9:2의, "내가 주를 기뻐하고 즐거워하며 지존하신 주의 이름을 찬송하리니"를 통해, 자기를 죽이려는 사울을 용서함으로, 무엇보다 시편 9편 9-10에서는 "여호와는 압제를 당하는 자의 요새이시요 환난 때의 요새이시로다 여호와여 주의 이름을 아는 자는 주를 의지하오리니 이는 주를 찾는 자들을 버리지 아니하심이니이다"라고 고백함으로 하나님의 "절대적 보호의 확신"을 가짐으로 우울증에서 치유됨을 볼 수 있다.

4) 엘리야 선지자의 우울증 증세와 하나님의 치료

엘리야는 850대1의 바알 선지자와 아세라 선지자와의 대결해서 하나님의 도움으로 위대한 승리를 이뤘다(왕상 18:20-24). 그러나 이세벨의 위협 때문에 광야로 도망쳤고, 생명의 위협으로 심한 우울함을 경험한다.

(1) 엘리야의 분노와 원망

엘리야는 이스라엘 백성들이 언약을 버리고, 단을 없애고 주의 선지자들을 다 죽임으로 혼자만 남았다는 두려움과 그런 환경을 주신 하나님에 대한 원망으로 분노하고 있음을 본다(왕상 19:10-14).

열왕기상 19:10에 "그들이 내 생명을 찾아 빼앗으려 하나이다"의 불평을 한다. 이후 차라리 자기 생명을 취할 것으로 원망을 표한다(왕상 19:4). 생명의 위협과 사람들에 대한 실망 및 분노, 하나님에 대한 원망과 절망이 우울증의 원인이 될 수 있다.

(2) 상실감

엘리야는 3일 거리를 하루 만에 달려 브엘세바 광야의 로템나무 아래에 당도한다. 육체적으로 소진되었을 뿐만 아니라, 이세벨의 위협으로 인한 두려움, 무엇보다 하나님의 진노가 임하리라는 기대를 가졌지만 오히려 이세벨로부터 도망치는 자기 모습에 분노와 두려움, 우울감이 엄습하였다. 850대 1의 위대한 승리 후에 찾아온 실망, 무엇보다 하나님의 기대에 대한 상실감은 극도의 우울증으로 나타난다(왕상 19:4). 즉, 엘리야는 하나님에 대한 기대감의 상실이 슬픔과 좌절, 분노로 나타난다.

(3) 엘리야의 우울증으로 인한 낮은 자존감과 자기 부정

열왕기상 19:4에서 "나는 내 조상들보다 못하니이다"라는 고백에서 엘리야의 자존감이 매우 낮아지고, 부정적이며, 자학적 임을 볼 수 있다. 우울증의 영향은 불행감과 비효율성, 신체적 질병, 성적 흥미의 감소, 낮은 자존감, 사회적 고립 그리고 더 심각한 경우 자살을 포함하고 있다. 즉, 우울과 자존감이 서로 밀접한 관계가 있음을 볼 수 있다.

또한, 엘리야의 우울증은 '임상적 우울증'이라 할 수 있다. 임상적 우울증은 크게 비참함을 느끼게 하며, 심지어 자기 일을 조절할 능력을 상실시킬 수도 있다. 엘리야는 자기 일을 조절할 능력이 상실되었기에 자신을 죽여 달라는 절망적 고백을 하게 되었다. 사랑하는 사람과 재산 그리고 기대에 대한 상실감 등이 결국 '자기 부정'을 낳으며 극단적으로 자살을 택하는 경우가 여기에 있다. 우울증은 '정상적 우울증'으로 누구에게나 찾아오지만 '임상적 우울증'의 심한 증상으로 나타나면 극단적 선택을 하게 된다.

(4) 엘리야의 우울증에 대한 하나님의 치유

엘리야는 자기 자신에 대해 지나치게 부정적이며 자학적인 모습을 보여 준다.

> 나는 내 조상들보다 못하니이다(왕상 19:4).

그러면 하나님이 어떻게 엘리야의 우울증을 치료하셨는지 살펴보자.

첫째, 하나님이 육체의 필요를 채워 주셨다.
즉, 휴식과 필요한 음식을 제공하는 것이다(왕상 19:5-6).

둘째, 하나님은 엘리야로 하여금 하나님 자신이 여전히 모든 환경을 통제하고 계시며 엘리야의 삶을 돌아보고 계신다는 사실을 깨닫게 하셨다.

셋째, 대화하는 동안 하나님은 엘리야의 격렬한 감정들이 표출되도록 자극하셨다.

부정적인 감정들을 제거하기 위해서는 그것들을 마음속에 묻어두지 않고 밖으로 표출하는 것이 매우 중요하다. 하나님은 참을성 있게 세 번이나 엘리야의 마음을 터놓고 그가 느끼는 바를 이야기하도록 자극하셨다.

넷째, 엘리야가 자기 감정을 숨김없이 드러내 놓은 다음에 비로소 하나님은 그에게 새롭고도 쉬운 임무를 맡기셨다.

하나님은 엘리야가 감당할 수 있는 임무를 부여하신 것이다. 그것은 새로운 두 왕과 한 선지자에게 기름을 붓는 일이었다(왕상 19:15-16). 엘리야는 오랫동안 자신이 혼자라고 느꼈다. 하지만 하나님이 바알에게 절하는 것을 거절하는 오바댜를 비롯한 100명의 선지자들과 남은 신실한 백성

7000명이 있다는 것을 상기시켰다. 이를 통해 혼자가 아니라는 것을 통해 큰 위안을 얻고 힘을 얻을 수 있었다.

이와 같이 우울증을 경험하는 사람들에게 지지하고 격려하는 그룹은 대단히 필요하며, 하나님은 이러한 지지자들을 있게 하심으로 치유를 돕고 계신다. 구체적으로 하나님이 어떻게 엘리야를 치유하였는지 기독교 상담학적 관점에서 살펴보도록 하자.

기독상담학자 조백현은 엘리야의 우울증 치유 과정을 "숯불과 성령 치유", "구운 떡과 말씀 치유", "한 병의 물과 보혈 치유"로 연관 짓고 있다. 이는 구약의 사건을 신약의 관점에서 우울증 치유의 연관성을 보여 주고 있는데 "숯불, 떡, 물"등에 대한 알레고리적 해석의 위험성을 제공하고 있다.

그러나 급진적 보수주의 상담학자인 제이 아담스와 복음주의 목회 상담학자들이 강조한 "목회 상담에서의 성경의 사용과 기도와 말씀, 성령의 사역에 대한 접근"이 큰 치유 효과를 주기 때문에 기독교 상담적 관점에서 우울증 치유에 대해 접근해 보고자 한다.

① 숯불과 성령 치유

성령은 하나님의 영이시며, 또한 예수의 영, 그리고 진리의 영으로 신자의 삶의 현장 속에, 그들의 마음속에 거하신다(롬 8:9). 성령은 목회 상담의 현장 속에서도 함께하시며 그 과정을 인도하신다.

이사야 9:6에서는 "… 그의 이름은 기묘자라, 모사라 …"로 표현하고 있다. NIV 성경에서는 이를 "Wonderful Counselor"로 번역하고 있다. 또한,

'여호와의 신'을 '모략의 신'이라고 했는데 '모략'의 히브리어는 에차(עֵצָה)로서, '충고, 조언, 의논'의 의미를 지니고 있다. 여기서 '모략의 신'을 '상담의 영'이라고 해석할 수 있다. 모략의 신이 상담자와 내담자 사이에 임하셔서 상담을 도와주시는 것이다.

이는 요한복음 15:26에서 이렇게 말씀한다.

> 내가 아버지께로서 너희에게 보낼 보혜사 곧 아버지께로서 나오시는 진리의 성령이 오실 때에 그가 나를 증거하실 것이요(요 15:26).

여기서 "보혜사"가 이의 속성을 확실하게 증명하고 있다. '보혜사'는 원어 '파라클레토스'(παράκλητος)로서 이는 '돕는자, 중재자, 변호자, 위안자'라는 의미로 해석된다. 여기서 "보혜사 곧 진리의 성령"을 '상담의 영'이라 해석할 수 있다. 즉, '보혜사=Counselor'로 해석된다. 보혜사 성령이 상담의 현장에 임재 하셔서 상담자와 내담자의 상담을 도와주시는 것이다.

성경에서 숯불의 의미는 '번제'를 드릴 때 사용되었고(레 1:7-9), '죄사함'을 받을 때(사 6:6-7), 육신의 양식인 생선과 떡을 구울 때(요 21:9-13)에 사용되었다. 숯불의 상징적 의미로는 하나님의 광채(삼하 22:13)와, 죄인의 징벌의 형벌에(시 120:4), 입술을 정결케 하는 데(사 6:6) 사용되었다. '숯불과 성령 치유'의 성경적 근거는 요한복음 14:16-17에서 말씀하셨다.

> 내가 아버지께 구하겠으니 그가 또다른 보혜사를 너희에게 주사 영원토록 너희와 함께 있게 하시리니 저는 진리의 영이라 세상은 능히 저를 받지 못하나니 이는 저를 보지도 못하고 알지도 못 함이라 그러나 너희는 저를 아나니 저는 너희와 함께 거하심이요 또

너희 속에 계시겠음이라(요 14:16-17).

즉, 성령은 하나님의 영이시며, 또한 예수의 영이시다. 그리고 진리의 영으로 신자의 삶의 현장 속에, 그들의 마음속에 거하신다(롬 8:9). 결국, 성령은 인격자로서, 성도를 돕고, 상담하며, 예수님의 치유 사역을 이어받아 똑같은 효력을 발생하시기에 예수님처럼 좋은 상담자가 되신다.

엘리야는 '숯불'을 통해 은혜를 경험하고, 죄사함의 불을 받게 됨으로 치유가 일어난다. 엘리야에 임하신 숯불에 대한 성령의 상징적 의미는 하나님의 임재와 죄사함으로 인한 거룩함의 상징이 된다. 엘리야가 죽고자 하는 것과 같은 절망감과 죄책감의 문제를 해결하는 것이 우울증에서 벗어날 수 있는 과정이라고 볼 수 있다.

따라서 기독교 상담자는 성령 충만해야 성령께서 함께하시는 상담을 할 수가 있다(엡5:18). 따라서 상담자는 내담자에게 성령의 치유 사역이 될 수 있도록 도움을 구하며, 영적으로 깨어 있어야 할 것이다.

기독교 상담은 죄에 대한 회개의 과정이 있을 때 치유가 이루어진다는 것을 알 수 있다. 엘버트 엘리스(Albert Ellis)는 '죄의 개념'이 실질적으로 모든 정신 병리학의 원인이라고 주장하였다.

반면에 제이 아담스(Jay Adams)는 신체적 원인으로 인한 정신병을 제외한 모든 정신병은 죄가 원인이 된다고 주장하였다. 단순히 보기에는 두 입장이 거의 동일한 것처럼 보이지만 이 두 입장은 정반대이다. 엘리스가 말하는 죄의 개념은 우리가 옳고 그름에 대한 어리석은 생각들을 버리고 즐거움을 추구하는 것이 건강하게 산다는 것이다.

반면에 아담스는 죄 그 자체가 문제라는 것을 암시한다. 엘리스는 죄에 대한 우리의 민감성을 제거하라고 강조하고, 아담스는 죄에 대한 우리의 민감성을 강화해야 한다고 말한다. 이러한 두 입장에 있어 어느 한쪽만이 옳다고 할 수 없다고 본다. 정신 병리의 내면에 죄악에 대한 부분이 우울증의 원인이라면 철저한 회개를 할 때 치유와 회복이 일어난다. 이와는 반대로 엘리스의 입장은 인본주의 심리학에 가까우며 엘리야의 경우에는 치유와 회복을 이루기가 어렵다.

그러나 애매이 고난을 당함으로 우울증을 경험한 다윗의 경우에는 엘리스의 주장이 필요하리라 본다. 상담자는 우울증의 원인을 영적으로 잘 바라보고 그 상황에 합당한 치유 방법을 사용하여야 할 것이다.

② **구운 떡과 말씀 치유**

열왕기상 19:6에서 '구운 떡'을 말씀하고 있는데, 원어 '욱가'(עגה)는 '둥근 빵, 케이크'를 의미한다. 그리고 영적 의미는 하나님의 영원한 말씀을 상징한다. 마태복음 4:4에서 말씀하셨다.

> 예수께서 대답하여가라사대 기록 되었으되 사람이 떡으로만 살 것이 아니요 하나님의 입으로 나오는 모든 말씀으로 살 것이라 하였느니라(마 4:4).

상담에 있어 성경 사용에 대한 찬반 유무에 많은 상담 학자의 견해가 있다. 기독교적 상담의 입장에서는 "말씀은 상담 원리와 조화롭게 사용한다"를 주장한다. 하나님의 말씀과 인간의 자연 질서를 다 하나님에게서 나왔기 때문에 이 양자는 조화될 수 있다고 믿기 때문이다.

제이 아담스는 심리학을 악으로 규정하고, 말씀만이 진정한 상담자로 규정했지만, 게리 콜린스, 로렌스 크랩, 아치볼트 하트 등과 같이 성경적 상담 방법은 기독교 상담자들이 취해야 할 상담 방법으로 보았다.

엘리야는 '구운 떡', 곧 하나님 말씀을 먹음으로 힘을 얻고 회복되었다. 하나님의 말씀은 생명과 힘을 공급해 주신다. 따라서 구운 떡, 곧 말씀을 통해(물론 말씀과 기도는 병행된다) 회복된 엘리야처럼 우울증과 기타 정신적인 문제 등을 치유하고 회복될 수 있는 가장 좋은 치유 방편이 될 것이다.

③ 한 병의 물과 피(보혈) 치유

요한일서 5:5-8에 기록되어 있다.

> 예수께서 하나님의 아들이심을 믿는 자가 아니면 세상을 이기는 자가 누구뇨 이는 물과 피로 임하신 자니 곧 예수 그리스도시라 물로만 아니요 물과 피로 임하셨고 증거하는 이는 성령이시니 성령은 진리니라 증거하는 이가 셋이니 성령과 물과 피라 또한 이 셋이 합하여 하나이니라(요일 5:5-8).

사도 요한은 성령과 물과 피가 합하여 하나라고 말씀하고 있는데 여기서 피는 예수 그리스도의 보혈을 의미하고 예수 그리스도를 의미하고 있다. 또한, 성령은 예수께서 보내신 영으로서 예수 그리스도를 증거한다. 그리고 8절은 "성령과 물과 피는 하나이다"라고 증언한다.

즉, 성령님은 예수님의 피와 나뉘지 않으며, 사도행전 16:7을 보면 성령은 예수님의 영이라고 하였다. 성령님은 보혜사요 카운셀러이다. 결국, 보혈의 능력은 '치유의 능력'을 가지고 있다.

다음은 위와 같은 엘리야의 우울증 치유에 관한 결론이다.

첫째, 숯불을 성령 치유와 회개 치유로 보았다(왕상 19:5-6).
둘째, 구운 떡을 말씀 치유와 기도 치유로 보았다(왕상 19:5-6).
셋째, 한 병의 물을 보혈 치유와 예배 치유로 보았다(왕상 19:6; 요1 5:8).

따라서 우울증이 있는 내담자에게 위와 같은 치유를 소개하며 적용할 수 있도록 상담자는 안내해야 할 것이다.

5) 예레미야의 우울증과 치유

예레미야의 우울증은 "눈물의 선지자"라는 별명을 가지고 있을 정도로 우울증의 증상을 가지고 있었다. 물론 슬픔과 눈물이 많다고 다 우울증 환자라는 것이 아니다. 예레미야의 우울증은 정상적이며, 단극성 우울증으로 다시 회복됨으로 정상적인 삶을 사는데 지장이 없는 경우를 말한다.
이러한 예레미야에게 나타난 우울증의 원인은 다음과 같다.

첫째, 유다가 회개하고 돌아서지 않으면, 바벨론에 멸망 당하게 될 것이라고 울면서 경고한다. 그러나 유다 백성들은 그의 경고를 듣지 않고, 오히려 예레미야를 핍박하고 몰아내려고 한다. 그리고 예레미야를 괴롭히고 저주하였다. 이러한 경험들과 함께 예레미야는 많은 좌절을 경험한다(렘 15:10).

둘째, 예레미야 15:10에서는 "내게 재앙이로다 나의 어머니여 어머니께서 나를 온 세계에 다투는 자와 싸우는 자를 만날 자로 낳으셨도다. 내가 꾸어 주지도 아니하였고 사람이 내게 꾸이지도 아니하였건마는 다 나를 저주하는도다"라고 하였다.

예레미야는 화평을 원했다. 그러나 그가 말 할 때 사람들은 싸우려 했다. 그들은 이러한 이유들 때문에 오히려 선지자에게 격분하였고, 선지자를 원수로 간주하며 저주하였던 것이다. 예레미야는 고통과 초조함과 공포와 피곤함과 무력감을 느꼈고, 자기를 무겁게 짓누르는 짐을 벗어나기를 원하였다. 또한, 예레미야는 하나님에게 자기 허약성과 연약성을 이야기하며, 자기 상처가 아주 깊고 심하다고 이야기한다(렘 15:17-18).

셋째, 이러한 고통스런 환경 속에서 예레미야는 하나님의 돌보심을 경험한다. 예레미야는 하나님을 의지하며, 하나님이 자기 사정을 살피시고, 힘과 위로를 주시며, 학대자에게서 건져 주시고, 보살펴 주실 것을 기도드린다(렘 15:15). 하나님은 예레미야 선지자가 결국 폭풍을 뚫고 나아갈 것이며 결국 편안하게 되리라고 확신을 주신다.

또한, 예레미야 15:20-21에 보면 이렇게 말씀하셨다.

> 내가 너로 이 백성 앞에 견고한 놋 성벽이 되게 하리니 그들이 너를 칠지라도 이기지 못할 것은 내가 너와 함께하여 너를 구하여 건짐이라 여호와의 말씀이니라 내가 너를 악한 자의 손에서 건지시며 무서운 자의 손에서 구원하리라(렘 15:20-21).

즉, 하나님이 예레미야를 무적의 성벽으로 만들어 주시고, 함께하시며, 건져 주시겠다고 하신다. 비록 연약해 보이고, 풍전등화 같은 위기에 처

한다 해도 하나님이 보살펴 주시면 아무도 그를 해할 수 없는 것이다.

그래서 예레미야는 핍박과 낙심과 비난과 버림받음과 비천함과 폭풍우 속에서도 하나님의 돌보심, 하나님의 구원의 약속으로 받아들이며, 하나님을 굳건히 의지하는 가운데, 계속해서 사역을 감당해 나가게 된다.

결국, 예레미야가 우울증에서 벗어날 수 있었던 가장 큰 요인은 많은 기독교 목회 상담학자들이 강조한 "기도와 말씀"이었다. 이를 통해 애통함과 우울증에서 벗어날 수 있었다. 그래서 예레미야를 "눈물의 선지자"로 불리는 이유이다.

6) 요나의 우울증과 치유

요나의 우울 증상은 니느웨를 심판한다는 하나님의 명령에 대한 불순종 때문에 물고기의 뱃속으로 들어갔을 때의 고통과 니느웨 백성들이 회개함으로 심판이 면해진 것에 대한 분노가 우울증을 경험케 하였다.

우울의 원인을 보면, 요나 시대의 상황을 고려할 때 그의 우울증은 일생 동안 품고 있던 뿌리 깊은 원한이라 할 수 있다. 당시 강대국이었던 앗수르는 이스라엘을 수년간 괴롭혔다. 그래서 요나는 앗수르를 몹시 증오하고 있었다. 그는 하나님이 이스라엘을 괴롭히는 앗수르를 멸망시킬 것으로 생각했다. 그런데 하나님은 오히려 요나에게 니느웨로 가서 그들에게 회개를 선포하도록 명령하신다.

그러나 요나는 그들이 회개하고 구원받는 것에 대해 도저히 견디기 어려웠고, 수용하기가 어려웠다. 하나님의 말씀의 불순종이 물고기의 뱃속에서의 사흘간의 경험이었다면, 이때의 우울증 원인은 증오로 인한 것이라 할 수 있다.

이러한 요나에 대한 하나님의 돌보심은 바다에서 건져 주셨고, 물고기 뱃속에 들어가게 하셨지만 회개했을 때 꺼내 주심으로 다시 사명을 부여하신다. 회개하는 니느웨 백성들을 용서해 주시는 하나님을 향해 원망과 불평, 죽음까지 불사하겠다는 분노를 표출한다. 하나님은 요나에게 박넝쿨의 비유를 통해 요나를 설득하고 이해시키며 치유하신다.

즉, 하나님의 돌보심을 얻을 수 있는 까닭은 하나님의 긍휼과 자비와 용서와 불쌍히 여겨 주심이 있기 때문이다. 그래서 그러하신 자비를 받아들이며, 하나님을 신뢰할 때 용서와 회복 그리고 평강의 은혜를 누릴 수 있게 되는 것이다(롬 4:5-9).

7) 사마리아 여인의 우울증과 예수님의 치유

요한복음 4:6에 수가성의 사마리아 여인은 제 육시쯤 야곱의 우물가로 물을 길러 간다.

> 거기 또 야곱의 우물이 있더라 예수께서 행로에 곤하여 우물 곁에 그대로 앉으시니 때가 제 육 시쯤 되었더라(요 4:6).

제 육시는 오늘날 정오 12시다. 유대의 일상생활의 문화 속에는 정오 12시에는 낮잠이나 휴식의 시간이다. 여인의 삶은 고단하다. 무엇보다 대인 기피증, 또는 이웃과 단절된 삶으로 그녀의 인생은 우울하다.

사마리아인 여자로서 태생적으로 소외감과 열등감을 가지고 태어났다. 남편을 데려오라는 예수님의 대화에 대해 여인의 남편이 없다는 '부정'이라는 방어 기제를 사용한다. 요한복음 4:9에서, "사마리아 여자가 가로되 당신은 유대인으로서 어찌하여 사마리아 여자인 나에게 물을 달라 하나이까 하니 이는 유대인이 사마리아인과 상종치 아니함이러라"와 4:7을 보면, "여인이 대답하여 가로되 나는 남편이 없나이다"라고 자기를 부정한다.

이러한 여인의 모습에서 우울증의 환경 속에서 살고 있음을 충분히 짐작할 수 있다. 이관직 교수는 그녀의 여섯 번째 남자의 모습을 통해 "관계 중독 또는 동반 의존"과 "대상 관계의 불안정"으로 인한 "경계선 성격 장애"의 가능성을 주장했다.

이에 대한 예수님의 치유는 어떻게 진행되었나 살펴보도록 한다.

첫째, 여인에게 접근하여 대화하시는 예수님의 모습에서 상담의 전문가이심을 본다. 말씀이 육신이 되신 예수님은 소외되고 아픈 자, 낙심한 자의 친구가 되신다. 물을 소재로 대화를 전개하신다. 상담의 첫 번째 기술은 마음 문을 열 수 있도록 일반적 소재와 신뢰감을 줄 수 있도록 대화를 이끌어 가는 것이다.

사마리아 여자 하나가 물을 길러 왔으매 예수께서 물을 좀 달라 하시니(요 4:7).

둘째, 지시적 상담이 아닌 권면적 상담과 내담자 중심의 인격적 상담을 하신다.

> 가라사대 가서 네 남편을 불러오라(요 4:16).

예수님은 여인의 삶을 이미 알고 있었다. 그런데도 여인의 인격을 존중함으로 자존심이 상하지 않도록 권면하신다.

> 여자가 대답하여 가로되 나는 남편이 없나이다 예수께서 가라사대 네가 남편이 없다 하는 말이 옳도다(요 4:17).

여인은 남자는 있지만 남편은 없는 모양이다. 아마 결혼과 이혼을 반복하면서 여인의 자존감은 많이 낮아졌고, 사람들의 이목과 소외에 많은 상처를 받았을 것이다. 예수님은 가장 예민한 아킬레스건을 건드렸지만 기분이 상하지 않도록 대화를 이끌어 가신다.

여인의 자기 방어 기제는 "부정"이다. 거짓말이라 볼 수 있고, 한편으로 남자는 있지만 남편은 없는 '공허함'과 '자기 비하'의 모습도 추정할 수 있다. 자기 삶에 우울증에 대한 절망이 내포되어 있음을 대화 속에서도 유추할 수 있다. 이러한 상황 속에서 예수님은 말씀을 근거로 목회 상담을 한다. 나아가 영적인 인지행동치료를 권면하신다.

> 사마리아 여자가 가로되 당신은 유대인으로서 어찌하여 사마리아 여자인 나에게 물을 달라 하나이까 하니 이는 유대인이 사마리아인과 상종치 아니함이러라(요 4:9).

종교적, 민족적 소외를 당하며, 여인으로 태어난 것에 대한 절망이 내포되어 있다. 이에 대해 예수님의 말씀은 10절에 이렇게 말씀하심으로 여인의 갈증을 자신을 계시함으로 풀어 주고 계신다.

> 예수께서 대답하여 가라사대 네가 만일 하나님의 선물과 또 네게 물 좀 달라 하는 이가 누구인 줄 알았더면 네가 그에게 구하였을 것이요 그가 생수를 네게 주었으리라 (요 4:10).

구원의 선물, 구속의 은혜, 죄인임을 깨닫고 솟아나는 '생명의 물'이신 예수 그리스도 자신을 소개함으로 여인의 실존과 자아, 우울증의 원인을 인지하게 함으로 회복과 치유의 실마리를 제공해 주신다.

예수님이 누구신지를, 자기가 어떤 존재이며 어떤 삶을 살고 있는지를 인지시키고 있으며, 나아가 여인이 스스로 깨닫고 치유를 갈망하는 모습을 보게 된다. 이어진 여인의 삶과 회복은 놀랍다. 이는 우울증 치료에 있어 인지행동치료(CBT: Cognitive & Behavioral Therapies)를 반영한다.

예수님의 이러한 인지행동치료는 소외되고 상처 입은 여인을 향한 하나님의 '아가페 사랑'에 기인하며, 말씀과 대화를 통해 치유하시고 회복시키신다. 여인은 치유를 통해 대인 기피증에서 벗어나서 전도하는 사명자로 변화되었고, '잠정적 대상'인 남편에게 의존하는 대신 '영원한 대상'인 예수 그리스도를 '내면화' 한다. 따라서 우울증을 치유하는 상담은 내담자 중심의 상담, 인지행동치료, 사랑과 말씀을 통한 변화를 이끌 수 있도록 상담자는 인도해야 할 것이다.

8) 바울의 우울증과 치유

바울의 일생에서 가장 드라마틱한 사건은 다메섹 도상에서의 부활하신 예수님과의 만남이다(행 9장). 이 일을 통해 그는 율법주의자에서 복음주의자로 바뀌어 지며, 사도로서의 직분을 얻게 된다.

하지만 그가 쓴 로마서의 말씀을 보면 내면적 자아의 우울증과 복음 전파로 인한 핍박, 복음의 동역 자와 교회, 교인들로부터 받은 스트레스로 인하여 우울증을 경험한다. 그 중에서도 바울의 우울은 자아와의 싸움에서 기인한 것이었다. 자기 내면에 있는 하나님의 법과 죄의 법 사이에서 갈등하며, 심한 우울을 경험한다.

로마서 7:22-24에 보면 바울이 자기 모습에 대해 있는 그대로를 아주 적나라하게 나타내 주고 있는 것을 볼 수 있다. 그는 인간으로서 경험할 수 있는 아주 중요하고도 핵심적인 하나의 경험을 소개해 주고 있다. 그러나 그것이 뜻대로 잘 되지 않았다. 즉, 그는 율법을 통해 하나님의 뜻을 알긴 하였지만, 그렇게 살지 못하는 자기 모습을 바라보며, 갈등을 겪고 있었던 것이다.

그의 치유를 보면 세 가지로 볼 수 있다.

첫째, 주 예수 그리스도로 말미암은 은혜를 통해 치유함을 얻는다.

은혜 속에 있는 '성령의 법'과 죄 성이 있는 '육신의 법' 속에서 그는 갈등과 고통을 당하고 있다. "오호라 나는 곤고한 사람이로다" 속에서 그는 절망에 가까운 우울함을 토하고 있다.

그러나 그런 상황 속에서 마지막으로 어떤 결론을 내고 있는가?

> 우리 주 예수 그리스도로 말미암아 하나님께 감사하리로다 그런즉 내 자신이 마음으로는 하나님의 법을, 육신으로는 죄의 법을 섬기노라(롬 7:25).

비록 스스로 악에서 빠져나오려고 간절한 노력을 해도 될 수 없는 상황, 그러나 그는 여기서 하나님의 치유하심을 경험하게 되는데 그것은 "주 예수 그리스도의 은혜"때문이다. 이런 상황 속에서도 예수님의 은혜는 "결코 정죄함이 없다"는 확신 때문이며, "생명의 성령의 법"이 "죄와 사망의 법에서 해방시켜 주시기" 때문이다.

자기 연약함이 이를 극복할 수 없지만 예수 그리스도를 통해 우리를 긍휼히 여기시고 도움을 주시는 예수 그리스도의 십자가 사건이 은혜를 주었고, 의인으로 선포하였기에 바울은 죄에서 해방되는 감격과 치유 받는 기쁨을 누리게 된 것이다. 그리스도와 함께 장사 지낸 바 되었고, 그리스도와 함께 살아난 바 되었기 때문이다.

둘째, 세례 의식이 치유를 이루게 하는 표식이 된다.

위의 골로새서 2:12의 말씀은 "세례"에 관한 말씀이며, 그 의미를 설명하면서 골로새 교인들에게 전하는 말씀이다. 즉, 바울의 우울증에서의 회복은 "그리스도의 은혜"를 통해 갖는 의식, 곧 "세례를 통한 죄와 병의 죽음과 다시 살아남"의 역사를 경험함으로 이루어진다.

세례란 '예수 그리스도가 우리를 위해 죽고 부활했다는 것을 믿음으로 말미암아 예수 그리스도의 십자가의 죽음에 연합되고 그의 부활에 연합된 그 사건을 극으로 나타낸 것'이다.

즉, 바울의 고통과 절망, 우울증은 세례 의식을 통해 물에 들어감으로 죽고, 깨끗하게 되어 물 밖으로 나오는 의식을 통해 부활, 새로운 생명, 회복의 자리로 나오는 것이다.

셋째, 사랑에 대한 확신으로 치유되었다.

로마서 8:26-39에서 하나님의 사랑은 그 어떤 것에서도 끊을 수 없음을 약속하신다. 하나님의 사랑은 '치유'를 낳는 기적의 묘약이다. 사도로서 자기를 부르신 예수 그리스도의 강권적 사랑, 환란과 핍박 속에서도 결코 끊지 않으시는 하나님의 지속적이고 영원하신 사랑, 아픔과 고통을 대신 지어 주시고 위로하시는 십자가의 사랑이다.

로마서 8:37에, "그러나 이 모든 일에 우리를 사랑하시는 이로 말미암아 우리가 넉넉히 이기느니라"는 고백처럼 우리를 사랑하시는 예수 그리스도의 내포적이고, 저주를 대신 받으신 하나님의 사랑을 볼 때, 우리는 우리의 아픔을 지고 골고다 언덕을 오르시며 십자가에 못박히신 보혈로 말미암아 치유되며 어려운 상황도 넉넉히 이기게 되는 은혜를 경험하게 될 것이다.

Our Journey to Self-Esteem

제11장 자존감 수업하기

윤홍균 원장(정신건강의학과 의원)은 '자존감 회복을 위해 버려야 할 마음의 습관', '자존감 회복을 위해 극복할 것들', '자존감을 끌어올리는 다섯 가지 실천' 등을 제시하였다.

1. 자존감 회복을 위해 버려야 할 마음의 습관

1) 미리 좌절하는 습관을 버려라

전설적인 뉴욕 양키즈의 포수가 있었다. 스포츠 명예의 전당에 올라 있는 그의 이름은 "요기 베라"(Yogi Berra, 1925~2015, 본명: Lawrence Peter Bberra)이다. 1940년대 후반부터 1960년대 중반까지 지속된 팀의 황금기 덕분에 베라는 19년 동안의 메이저 리그 선수 시절 동안 무려 14차례나 월드 시리즈에 진출, 10개의 우승 반지를 꼈다. 1947년 그는 첫 번째 월드 시리즈 무대에서는 1개의 홈런을 쏘아 올렸는데, 3차전 7회 브루클린 다저스의 투수, 랄프 브랑카(Ralph Branca)로부터 뺏은 이 홈런은 월드 시리즈 사상 최초의 대타 홈런이었다. 매해 월드 시리즈마다 부상없이 꾸준히 출전하여 총 75회의 월드 시리즈 경기에서 259타수 71안타, 2루타 10개 등, 이 부문 기록을 여전히 보유하고 있는 상태다.

그러나 지도자로 새로운 출발을 했던 그의 기록은 그리 신통치 않았다. 뉴욕 양키즈의 라이벌이었던 뉴욕 메츠를 이끌던 1973시즌 중반, 뉴욕 메츠가 게임 차는 적지만 꼴찌를 달리고 있을 때 한 기자가 베라에게 질문을 한다.

"시즌 끝난 건가요?"

그러자 베라는 이에 대한 대답으로 다음과 같이 말하였는데, 이 어구는 훗날 야구계의 최고 명언 중 하나로 전해 내려 오고 있다.

끝날 때까지 끝난 게 아니다(It ain't over till it's over).

결국, 어려운 상황 속에서 뉴욕 메츠는 월드 시리즈에 진출하였다. 절망스런 환경, 그러나 "끝날 때까지 끝난 게 아니다." 죽을 때 끝날 것이다. 아니 오히려 하나님을 믿는 신앙이 있다면 죽음은 영원한 생명의 시작이 된다. 그러므로 세상 속에서 절망스런 사건과 마음이 들 때가 있지만 결코 끝나지 않았기에 일어서야 한다. 좌절해도 '망하지' 않는 법에 대해 성경은 다음과 같이 말씀하고 있다.

우리가 이 보배를 질그릇에 가졌으니 이는 심히 큰 능력은 하나님께 있고 우리에게 있지 아니함을 알게 하려 함이라. 우리가 사방으로 우겨 쌈을 당하여도 싸이지 아니하며 답답한 일을 당하여도 낙심하지 아니하며, 박해를 받아도 버린 바 되지 아니하며 거꾸러뜨림을 당하여도 망하지 아니하고, 우리가 항상 예수의 죽음을 몸에 짊어짐은 예수의 생명이 또한 우리 몸에 나타나게 하려 함이라(고후 4:7-10).

요즘 사람들이 흔한 말로 '망했다', '망할 일만 남았다', '이제 끝이다'라는 말을 많이 한다. 수 년 전에 LA에서는 한달 사이에 사업에 실패한 가장이 총으로, 차 속에서 불로, 칼로 자녀와 아내를 죽이고 자살한 경우가 3건 있었다. 절망스런 일이 일어났을 때 '끝났다'라고 생각한 절망이 끔찍한 죽음을 야기했다. 절망하며 고통스러워 할 때 부정적 생각의 습관이 그 자신과 가정을 비참한 파멸로 이끈 것이다.

그렇다고 자존감까지 절망으로 떨어지면 안된다. 이때 건강한 자존감을 발휘해야 한다. 직업을 잃었을 때, 경제적으로 큰 어려움을 겪을 때, 시험에 떨어졌을 때, 결혼에 실패했을 때 …, 미리 좌절하는 습관을 버려야 한다. "내일은 내일의 태양이 떠오를 것이다"라는 희망을 보아야 한다. 희망은 언제나 열려 있다. 이 땅에서 이루어지지 않으면 하늘 나라에서 보상해 주신다고 하나님이 약속하였다.

그들의 수고가 헛되지 않겠고 그들의 생산한 것이 재난에 걸리지 아니하리니 들은 여호와의 복된 자의 자손이요 그 소생도 그들과 함께 될 것임이라(사 65:23).

이는 보좌 가운데 계신 어린 양이 저희의 목자가 되사 생명수 샘으로 인도하시고 하나님께서 저희 눈에서 모든 눈물을 씻어 주실 것임이러라(계 7:17).

자존감이 낮으면 절망 속에서 어둠만 보게 된다. 그러나 자존감이 높으면 절망 속에서 희망의 빛을 본다.

2) 무기력을 극복하라

무기력은 다양한 말로 표현된다. 게으름과 의욕 저하, 아무것도 하고 싶지 않음, 의지 박약 그리고 끈기 부족 등등이 그것이다. 필자도 가끔 무기력을 경험하고 있다. 그래서 이 증상의 원인을 살펴보았다. 몸의 건강이 좋지 않으니 모든 일이 귀찮아지고 열정이 사라지고 있음을 발견하였다. 의욕이 저하됨을 느꼈고, 몸이 힘드니 새벽에 일어나는 것도 쉽질 않고, 쉽게 피로함을 느끼고 결국 무기력으로 전락됨을 본다.

이러한 무기력을 어떻게 극복할 수 있을까?

첫째, 열정을 회복하라.
필자는 목사이다. 복음에 대한 열정을 회복하는 것이 무기력을 극복하는 첫 열쇠이다. 신학교 들어갈 때의 복음에 대한 열정과 하나님의 부르심에 대한 소명을 확인해 본다. 내가 지금 하고 있는 일에 열정을 회복할 수 있도록 하는 것이 무기력을 극복하는 첫 걸음이 될 것이다.

둘째, 몸이 건강해야 마음도 건강해질 수 있다.
몸이 쇠약해지면 모든 것이 귀찮아진다. 마음도 움츠러진다. 몸의 건강을 회복할 수 있도록 식이 요법, 체력 관리, 운동, 마음의 묵상 등을 갖도록 한다.

셋째, 무기력이 학습되거나 강화되지 않도록 마음을 쳐서 힘과 격려를 주어야 한다. 그리고 근처의 산과 바다에 가서 마음의 힐링을 갖도록 한다.

넷째, 나를 사랑하고, 하는 일에 의미를 부여하며 소중히 여긴다.

'나'라는 존재는 이 세상에 유일무이한 존재이며, 나는 존귀한 존재이다. 하나님이 사랑하고 인정하는 존재이다. 비록 부족하고 마음에 들지 않는 나의 모습이 있긴 하지만, 그래도 소중하고 자랑스러운 하나님의 자녀이다.

다섯째, 마음의 여유를 갖자.

세상을 물 흐르듯이 살자는 말이 있다. "이 또한 지나가리라"라는 격언도 있다. 무엇을 크게 이루는 것보다, 무엇에 즐거워하며 만족하며 사는 것이 더 중요하다.

2. 보상물 문제

무기력에 빠지는 가장 대표적인 이유는 보상물 문제에서 기인한다. 보상물은 크게 긍정적 보상과 부정적 보상으로 나뉜다. 승진이나 월급 인상, 주변의 칭찬이나 관심처럼 어떤 일을 하게 만드는 기분 좋은 사건을 긍정적 보상이라 한다.

이와 반대로 실패, 불합격, 무관심이나 주변의 냉소적 반응이 부정적 보상이다. 긍정적 보상을 아무리 많이 받아도 부정적 보상을 더 크게 느끼면 의욕을 잃는다. 주로 중년 이후에 세상이 덧없이 느껴지고 자신이 이뤄 놓은 걸 별 의미 없다고 여기는 경우가 여기에 해당된다.

따라서 삶의 의미를 재점검하고, 자기를 소중히 여기는 마음의 자세가 필요하다. 이루지 못한 것에 실망하지 말고, 이룬 것에 흡족해 하는 자세가 필요하다. 자기 자신에게 보상의 선물을 주도록 하자.

3. 소진 증후군

방전된 것이다. 소진되어 지쳐 버린 경우이다. 무기력해지는 이유 가운데 하나가 한마디로 지친 것이다. 휴식이 필요하다.

1) 불안이 많은 경우

평소 불안이 높은 사람은 에너지가 금방 소진된다. 늘 최악의 경우를 생각하거나 부정적인 생각이 많다 보니, 정신 에너지가 줄줄 샌다. 30대까지는 불안이 많아도 체력으로 버티지만, 중년이 접어들면서 몸이 따라 주지 않는다. 되도록 빠른 시간 안에 상담을 받거나 투약을 해서라도 불안 습관을 고쳐야 한다.

2) 예수님은 죄로 인해 불안한 자들에게 평안을 주신다

이 말씀을 깊이 묵상하면 불안이 사라지고 하나님이 주시는 평안이 온 마음과 육체를 감싸 주신다.

평안을 너희에게 끼치노니 곧 나의 평안을 너희에게 주노라 내가 너희에게 주는 것은 세상이 주는 것 같지 아니하니라 너희는 마음에 근심도 말고 두려워하지도 말라 (요 14:27).

4. 일단 무작정 움직여라

프랑스의 정신과 의사 크리스토프 앙드레는 이런 말을 했다. "행동하지 않는 것은 주로 자존감 낮은 사람들의 전형적인 레퍼토리이다. '이러 이러하면 이렇게 할 텐데'라고 생각만 한다. 그러면서 부정적인 경향을 더 굳히는 경향이 있고, 종종 '잘 됐을 리가 없잖아. 내가 안 한 게 다행이야'라면서 회피 성향을 강화한다. 행동하지 않는 것과 부정적 태도, 회피 경향이 서로를 강화하면서 악순환을 이룬다는 얘기다. 원인과 결과가 직선상의 관계가 아닌, 서로에게 영향을 미치는 나쁜 고리인 셈이다.

쌍둥이 아들을 둔 카센터 사장이 있다. 어느 날 갑자기 고통사고로 쌍둥이 중 큰아이가 사망하였다. 자식의 갑작스러운 죽음에 그는 우울증과 무기력에 빠져 생활 자체가 무너졌다. 그러던 어느 날 자기 삶을 되돌아 보기 시작했다. 무기력하게 있다 보니 마음의 슬픔과 고통은 더욱더 강화되었다. 우울증과 무기력, 상실감, 마음의 고통에서 벗어나고자 그는 마음을 다져 먹고 일에 파묻힐 것을 선택하였다.

단골들이 그의 사정을 알고 더욱더 많이 찾아와 주었고 일감을 몰아주었다. 하루 종일 일을 하게 되었다. 그리고 남은 쌍둥이 아들과 아내를 바라보며 가정을 돌보기 시작했다. 물론 퇴근이 없이 늦게까지 자동차를 수

리하는 일에 매진하였다. 그리고 밤에 들어가 늦은 식사를 하고 잠자리에 들었다. 피곤하니 죽은 아들을 생각할 겨를이 없게 되었다. 그렇게 바쁜 시간을 보내며 그는 슬픔과 우울증, 무기력을 극복할 수 있었다. 지금은 가족들과 시간을 많이 보내면서 가게를 잘 운영하고 있다. 인지행동치료가 바로 이런 것이다.

첫째, 현재 당한 어려움과 아픔, 떠난 것을 인정하고 수용한다.

"왜 그런 일이 일어났나, 내가 왜 그렇게 했지?"라는 후회가 자책감으로 찾아올 수 있다. 그러나 이미 지나간 일이다. 다시는 돌이킬 수 없는 일이다.

그것이 나의 실수였다 하더라도 누가 인생의 앞날을 알 수 있는가?

잘못된 생각과 행동이었다면 그것 역시 나의 잘못임을 인정하는 것이다. 신앙을 가지고 있다면 회개하는 것이다. 그리스도의 십자가에 나의 아픔과 짐을 위탁하는 것이다. 그것이 실수였다면 더 이상 자책하거나 자괴감에 빠지지 않도록 자신을 위로해야 한다. 그것은 내가 일부러 한 것이 아니었으니 자신을 용납하도록 해야 한다.

둘째, 되도록이면 혼자의 시간, 슬프고 아픈 마음이 틈을 타지 않도록 무언가에 몰두하거나 행동하도록 한다.

그것이 취미가 될 수 있고, 여행이 될 수 있고, 일에 몰두하는 일이 될 수 있다. 몸이 피곤하면 부정된 생각들이 들어온다. 그 틈조차 들어오지 않게 하는 것이다. 아무것도 하지 않는 것은 괜찮다. 지금 당장 회사에 가기 싫은 건 문제가 아니다. 돈 벌 욕구가 안 생겨도 괜찮다. 문제는 생각만 많이 한다는 거다. 그러면 뇌는 지치고, 아픈 뇌는 부정적인 생각을 만들어낸다.

무기력에서 빠져나오려면 일단 움직여야 한다. 원치 않아도, 재미없어도, 의미 없어도 된다. 밖에 나가 조금이라도 걸어야 하고, 그것도 안되면 역기와 아령을 들고 몸부림이라도 쳐야 한다.

의욕을 얻고 싶다면 생각하는 걸 멈추라. 무작정 몸을 움직이도록 하라. 물론 처음에는 잘 안 될 것이다. 그때 우리는 '의지'를 동원하며 실행해야 한다. 기독교에서는 '믿음'으로 일어선다고 표현한다. 때로는 기도가 안 될 때가 있다. 무기력으로 아무것도 하지 못할 때가 있다. 그렇지만 새벽에는 자연스럽게 눈이 떠진다. 습관 따라 예배당의 의자에 허리를 기댄다. 기도조차도 안 되는 무기력이 있을 때가 있다. 그냥 앉아 있는 것이다. 아무 생각, 아무 바램도 하지 않는다.

세상 사람은 멍때린다고 표현한다. 그런데 바쁘고 복잡한 세상살이 속에서 멍때리기로 치료한다고 한다. 가만히 있는 것이 아니라 마음과 몸을 움직이는 행위이다. 기도의 자리에 그냥 앉아 있더라도 그는 이미 행동하는 사람이다. 움직이는 사람이다. 기도하다 보면 목석같이 가만히 있지 않는다. 고개를 앞뒤로 흔든다. 손뼉도 치기도 한다. 소리를 내기도 한다. 울부짖기도 하고, 찬양하기도 한다. 예수님의 이름으로 나를 축복하기도 한다. 의욕이 어디선가 솟아나기를 기다리지 말고, 이렇게 움직이다 보면 의욕이 생성된다.

셋째, 스트레칭과 큰 숨을 내쉬도록 한다.

인간은 매일 한 차례 잠을 자는데, 어찌 보면 그때마다 '아무것도 하기 싫은 상태'가 되는 건지도 모른다. 밤에는 의욕이 사라져야 하지만 아침에는 의욕과 활동력이 생겨야 한다. 시작부터 거창할 필요는 없다. 지금 당장 대단한 걸 얻으려는 게 아니잖은가?

무기력해지는 습관에 변화를 주고 싶다면, 자세부터 바꿔보자. 목을 돌려보고, 굽었던 허리도 지금 펴보자. 깊은숨을 들이쉬고 내쉬어 보자. 들숨과 날숨을 깊이 갖는 것도 좋은 스트레칭이다. 기분이 한결 나을 것이다. 곧장 의욕이 생길 수도 있지만 그러지 않아도 괜찮다. 아무 생각 없이 조금씩이라도 자주 움직이자.

지금 보는 책을 덮도록 하자. TV를 끄고 잠깐 산책을 해봐도 좋겠다. 러닝머신이 있다면 기꺼이 발길을 옮겨보자. 근육이 빠지는 나이가 되었다면 지금이라도 역기와 아령을 쓰도록 하자. 등산도 무기력을 해소하는 데 큰 도움이 될 것이다.

Our Journey to Self-Esteem

제12장
행복한 부부 생활을 위한 자존감 측정과 자존감 향상

결혼은 왜 할까?

행복하기 위해 한다.

결혼은 왜 할까?

가정을 꾸미기 위해 한다.

결혼은 왜 할까?

사랑하기 때문에 한다.

성경은 독처하는 것이 좋아 보이지 않아 남녀를 짝으로 맺게 하셨다. 또한 결혼을 통해 가정을 이루고, 믿음의 세대를 잇도록 하셨다. 그러나 현대 부부들은 많은 이혼으로 말미암아 가정이 무너지고 고통받고 있다.

2022년 미국 인구 조사국에 따르면 매년 약 750,000건의 이혼이 발생하고 있다고 발표했다. 2019년 통계에 따르면 10년 전보다 이혼율이 낮아졌지만 팬데믹이 끝나면 또다시 이혼이 늘어날 것이라는 전망을 내어놓았다. 미국의 평균 결혼 기간이 8.2년임을 감안한다면, 미국의 이혼율은 몰디브와 벨라루스에 이어 세계에서 세 번째로 높다.

한국은 미국의 1,000명당 9.2명 보다는 적은 2.3명이 이혼을 한다고 한다. 하지만 계속 증가 추세에 있다.

이혼을 하는 원인은 무엇일까?

한국가정법률상담소는 이혼 상담 사유를 여성과 남성을 각각 분리하여 그 이유를 밝혔다. 여성은 경제 갈등, 성격 차이, 배우자의 이혼 강요, 불성실한 생활, 장기 별거, 가정 폭력, 남편의 외도 등을 꼽았다. 남성은 경제 갈등, 성격 차이, 생활 무능력, 배우자의 이혼 강요, 불성실한 생활, 장기 별거 등이 여성과 같은 이유로 나타났으며, 아내의 외도, 아내의 가출 등의 순으로 집계됐다.

이 외에 아내의 주벽(알코올 중독), 아내의 정신병과 성격 파탄도 증가 추세로 나타나고 있다고 했다. 그러나 무엇보다 이혼 사유의 원인 가운데 가정 내에서 야기되는 여러 스트레스와 우울증, 성격 파탄 혹은 성격 차이로 이혼 사유를 가장 큰 이유로 꼽았다.

부부의 이혼에는 낮은 자존감이 자리 잡고 있음을 인식해야 한다. 특별히 어린 시절에 형성된 낮은 자존감이 부부 관계를 어렵게 하는 경우가 많다. 부부는 서로에게 심리 치료사가 될 수 있다. 건전한 결혼은 어린 시절에 해결되지 않은 상처를 감싸주는 기회가 된다. 치유 과정은 아직 해결되지 않은 어린 시절의 문제들을 드러내고 시인하며 고백함으로써 점진적으로 시작된다.

한 사람이 용기 있게 아픈 기억을 고백하고 나면, 그에 대한 반응으로 배우자도 고백할 수 있게 된다. 치유는 배우자에게 나를 사랑하도록 허용하고 내가 배우자를 사랑하는 방법을 배우는 동안에 걸쳐 계속된다. 결혼 실태를 조사해 보면, 폭행당한 어린이나, 알코올 중독자 자녀나, 이혼한 부모의 자녀로서 상처 깊은 어린 시절을 견뎌내고 좋은 결혼을 통해 스스로 치유 받은 사람들의 수가 많은 것을 볼 수 있다. 좋은 결혼은 우리가 도저히 돌이킬 수 없는 손실이나 회생 불능의 비극이라고 생각하는 것들을 극복해 낸다.

연애는 단거리이며 낭만이다. 단점보다는 장점만 보이게 된다. 단맛만 느끼는 기간이다. 그러나 결혼 생활은 마라톤이다. 단맛도 있지만 쓴맛, 짠맛, 시큼한 맛들을 두루 경험한다. 장점은 사라지고 단점이 많이 부각된다. 2-30대 때는 육정으로 살 수 있다. 4-50대에는 동정(긍휼의 마음)으로 산다. 6-70대는 인정(사람의 정)으로 산다고 한다. 8-90대는 천정(하늘의 정)으로 살아야 한다.

그래서 동원되어야 할 것이 인내이다. 부부 싸움을 할 때는 감정이 극도로 상승된 상태이다. 험한 말을 하다가 심지어 손찌검하기도 한다. 그럴 때는 무조건 싸움을 멈추고, 이기거나 설득하려고 하지 말고 자리를 피해야 한다. 감정이 좀 가라앉았을 때 적당하게 대화하도록 노력해야 한다. 이때 미안하다고 사과하면 더욱더 좋다. 격한 말이 오갔을 때는 페이크(fake)라 생각하고 혹은 진심이 아니었겠지 하고 넘어가는 여유가 필요하다.

또한, 부부 싸움을 할 때 감정이 격해지더라도 극단적인 말은 삼가도록 한다. 싸움에도 기술이 필요하다. 마지노선도 평소에 정해 놓도록 마음을 훈련시킨다. 무엇보다 내 자존심을 내리고 상대방의 자존심을 세워주도록 노력해야 한다. 자존심은 죽이고 자존감은 세울 수 있도록 성숙한 자세가 필요하다.

결혼할 때 남편은 아내에게 이렇게 말할 수 있도록 해보자. 결혼 생활을 오래 한 상태라도 이러한 대화를 갖도록 하자.

나는 나의 가장 취약한 자아, 자긍심을 당신의 손에 맡깁니다. 이 세상에서 당신만이 나의 이 취약한 자긍심을 세워줄 수 있고, 또 오직 당신만이 나의 자긍심을 무너뜨리고 멀쩡한 나를 바보로 만들 수 있습니다. 나의 자아를 부탁합니다.

상호 의존적인 바탕 위에 서 있는 부부는 높은 자존감을 지니고 있으며 배우자가 성장할 수 있도록 돕는다. 건강한 자존감을 가진 부부 관계에서는 한 사람이 손을 놓으면 상대방은 즉각 손실을 느끼지만 머지않아 균형을 회복한다. 상호 의존적인 결혼에서는 서로의 기쁨이 배가되고 슬픔은 반감된다.

배우자의 어린 시절이 부모의 폭력과 방치와 무지, 또는 고압적인 권위에 의해 특징 지워진다. 당신의 배우자가 마음을 여는 것을 두려워하고, 당신과 타인에게 진실을 보이는 것을 두려워한다. 배우자가 쉽게 낙심한다. 당신의 배우자가 자신감이 없다. 특히, 결정하는 일에 우유부단하다. 자기 잘못을 시인하는 것이 어렵고, 항상 올발라야 하며, 남을 용서하지를 못한다.

항상 바쁜 사람이다. 겉으로는 대단한 성취 자이지만, 내적으로 인정받고 싶은 욕구가 강하다. 다른 사람을 무자비하게 비판한다. 완전주의자이다. 자신을 무자비하게 비판한다. 도피주의에 빠져 있다. 부족감과 죄책감, 공허감, 두려움의 현실을 각종 중독으로 회피하려 한다.

낮은 자존감은 결혼 생활에 어떻게 나타나는가?

10가지 실마리를 살펴보면 당신의 자존감은 어떤 상태인가를 측정할 수 있다. 좀 더 구체적이고 객관적인 설문조사를 통해 자기 자존감을 측정해 보도록 하자.

자존감 설문지(Self – Esteem Questionnaire)

다음과 같은 방식으로 아래의 질문에 답하십시오. 물음의 내용이 당신이 평소에 느끼는 바를 묘사하지 않는 것이라면 "예"란에 (V)표를 하십시오. 그러나 물음의 내용이 평소에 당신이 느끼는 바를 묘사하지 않는다면 "아니오"라는 란에 (V)를 하시기 바랍니다. "예"와 "아니오"중 어느 하나에만 (V)를 하십시오. 있는 그대로 자신을 솔직하게 점검하시기 바랍니다.

		예	아니오
1	당신에게는 친구가 별로 없습니까?		
2	당신은 평소에 기쁨의 삶을 누립니까?		
3	당신은 다른 사람들 못지 않게 많은 일들을 해 낼 수 있는 능력이 있습니까?		
4	당신은 대부분의 자유시간을 혼자서 보냅니까?		
5	당신은 당신이 남성(또는 여성)인 것에 만족하십니까?		
6	당신이 알고 있는 대부분의 사람들은 당신을 좋아한다고 느낍니까?		
7	당신이 중요한 과제나 과업을 시도할 때 보통 성공하는 편입니까?		
8	당신은 다른 사람들 못지 않게 지적인 편입니까?		
9	당신은 사람들 못지 않게 중요한 인물이라고 생각하십니까?		
10	당신은 쉽게 의기 소침(우울)헤지는 편입니까?		
11	할 수만 있다면, 당신은 자신에 대하여 많은 것들을 변경시키고 싶습니까?		
12	당신은 다른 사람 못지 않게 잘 생긴 편입니까?		
13	많은 사람들이 당신을 싫어합니까?		
14	당신은 평소에 긴장하거나 불안해 합니까?		
15	당신은 자신감이 부족합니까?		

16	당신은 자주 당신이 쓸모 없는 존재라고 느낍니까?		
17	당신은 남 못지 않게 건강하고 튼튼합니까?		
18	당신의 감정은 쉽게 상하는 편입니까?		
19	당신은 당신의 견해나 감정상태를 표현하기가 어렵습니까?		
20	당신은 종종 당신 자신에 대하여 부끄러움을 느낍니까?		
21	대체로 다른 사람들이 당신보다 더 성공적이라고 생각합니까?		
22	당신은 왠지 이유없이 자주 불안감을 느낍니까?		
23	당신은 다른 사람들이 행복해 보이는 것처럼, 행복해지기를 원하십니까?		
24	당신은 실패자입니까?		
25	당신은 당신이 생각하는 바를 좋아하십니까?		
26	당신은 새로운 사람들을 만나기가 쉽지 않습니까?		
27	당신은 무엇엔가 자주 화를 내는 편입니까?		
28	대부분의 사람들이 당신의 견해를 존중합니까?		
29	당신은 다른 사람들에 비하여 예민한 편입니까?		
30	당신은 다른 사람들만큼이나 행복한 삶을 누립니까?		
31	당신은 무슨 일을 시도할 때 주도권을 잡는 능력이 참으로 부족하다고 느낍니까?		
32	당신은 많이 걱정하는 편입니까?		

자존감은 개인이 자기 자신의 가치와 능력에 대해 가지고 있는 인식으로서 자존감이 높은 사람은 소속감과 자신감과 능력감, 그리고 윤리감을 지니고 있는 것으로 드러나고 있습니다. 자기 정신건강을 위해서 다음과 같은 책을 읽어 보시기 바랍니다.

* 김 진,『나누고 싶은 이야기』, 뜨인돌 , 1996.
* 데이빗 칼슨,『자존감』, 도서출판 두란노, 1996.
* 이민규,『생각을 바꾸면 세상이 달라진다』, 양서원, 1996.

〈자존감 설문지 정답표〉

1	2	3	4	5	6	7	8	9	10	11	12	13	14	15	16
×	○	○	×	○	○	○	○	○	×	×	○	×	×	×	×
17	18	19	20	21	22	23	24	25	26	27	28	29	30	31	32
○	×	×	×	×	×	×	×	○	×	×	○	○	○	×	×

· 14이하 ··· 아주 낮음 · 15-19 ··· 낮음 · 20-26 ··· 보통 · 27-29 ··· 높음 · 30이상 ··· 아주 높음

다른 성격이 더 행복한 자존감으로 성숙할 수 있다는 것을 알고 BLT의 언어습관, 곧 축복의 언어를 사용하자.

BLT는 미국의 아침 식사를 하는 브런치 가게에서 흔히 주문하는 샌드위치에 Bacon(베이컨), Lettuce(상추), Tomato(토마토)를 토핑하는 내용물의 약자이다. 이 세 가지가 샌드위치의 기본이다. 커피와 함께 갖는 이러한 아침 메뉴는 맛과 향기, 영양과 포만감을 선사해 준다. 부부와 자녀와의 관계에도 이러한 축복의 언어인 BLT가 있다.

1. B – Bless(축복하라)

주님의 이름으로 자녀를, 남편과 아내를 축복하라. 이는 곧 긍정적인 언어이며, 격려의 내용이 되며, 범사에 잘 되기를 간구하는 중보의 언어가 되는 것이다. 아침마다 그 머리에 손을 얹고 등교하는 자녀들을 축복하라. 아내의 머리에 손을 얹고 복을 주신(잠 18:22) 하나님에게 감사하며 축복하라.

2. L – Love(사랑하라)

요한일서 3장에는 이렇게 말씀하고 있다.

> 자녀들아 말과 혀로만 사랑하지 말고 행함과 진실함으로 하자(요일 3:18).

그러나 말로 표현하고 행하는 사랑은 더욱더 큰 열매를 제공한다. 말하기 전까지는 사랑이 아니다라는 말이 있다. 사랑은 관념이 아니라 행동이지만 말과 행동이 같이 수반된다면 상대방의 자존감을 세워주고, 마음을 위로해 주며, 기쁨과 회복의 능력을 선사한다. '사랑해요'라는 말에 인색할 필요는 전혀 없다.

3. T – Thank(감사하라)

아내를, 남편을, 자녀를, 부모를 나에게 주심에 감사하고 있는가?
그래서 당신이 나의 가족으로 주심에 감사함을 표하고 있는가?
자녀에게도, 아내와 남편에게도, 부모에게도 '당신이 나와 함께함으로 고맙고 감사하다'라고 고백한다면 관계가 더욱 깊어지고 행복한 자존감으로 업그레이드될 것이다.
범사에 감사하라는 말씀에는 지금, 내 앞에 있는 당신, 나의 삶에 대해서 감사하라는 것 아닐까?

세상에는 세 가지 금이 있다고 한다. '소금, 황금, 지금'이다. 바로 지금, 바로 당신에게 감사하는 마음을 가져야 한다. BLT의 언어를 당장 실행하도록 하자. 이 같은 축복의 언어는 자존감을 세워 주고, 회복시켜 주며, 관계를 더욱 깊은 신뢰의 세계로 안내해 주는 밑거름이 될 것이다.

Our Journey to Self-Esteem

제13장
관계의 걸림돌을 극복하는 자존감

필자는 목회를 약 30년을 하였다. 은퇴를 한 곳은 미국의 멕시코 국경 근처에 있는 도시에서 한인들을 중심으로 섬겼다. 목회에 있어 다양하고 수많은 경험을 했는데 가장 큰 어려움과 고통은 성도와의 인간관계였다. 오해하여 교회를 떠나거나, 온갖 모욕적인 말로 자존감이 상하는 말을 들으면 며칠 몇 날을 충격과 분노, 자책감 등으로 고통을 경험하였다.

설교와 스타일이 마음에 들지 않아 뒤에서 험담하거나 수군거림이 피드백으로 오면 은연중에 분노가 설교를 통해 나타나기도 했다. 카톡이 발달된 문화이기에 쉽게도 분노와 모욕적인 글을 받기도 했다. 때로는 카톡을 블락(blocked) 당하고, 블락을 할 때도 있었다. 자존감이 낮아지고 결국 사람이 싫어지고 두려워지기까지 했다.

인생살이와 신앙생활도 결국 관계인데 그 관계 속에 존재하는 걸림돌에 넘어질 때가 있다. 교회의 많은 성도가 하나님의 관계보다 인간과의 관계에 상처를 입고 교회를 떠나는 경우를 본다.

하나님과의 관계, 이웃과의 관계, 나와 내 자신과의 관계에 있어 건강하고 행복한 관계를 어떻게 유지해 나갈 수 있을까?

1. 10가지 성격 장애(인격 장애)

먼저 인간관계를 힘들게 하는 걸림돌을 알기 위해서는 10가지 성격 장애(인격 장애)를 알 필요가 있다. 10가지의 성격 장애는 3가지의 집단으로 분류한다.

A군 성격 : 분열성, 분열형, 편집성, 경계성
B군 성격 : 반사회적, 자기애성, 연극성
C군 성격 : 강박성, 회피성, 의존성

이러한 성격(인격)장애는 습관, 성격, 사고방식 등이 사회적 기준에서 지속적이게 극단적으로 일어나서 사회생활에 문제를 일으키는 장애를 가리킨다. 대부분 상황에서 변함없이 나타나는 것을 뜻한다. 청소년기 또는 성인기 초기에 발생하며 환자에게 고통을 안겨 주기도 하는데 이를 조절하지 않으면 극단적인 일로 나타날 수 있다.

물론, 이러한 장애를 가지고 있다고 해서 모두가 자살이나 살인 등의 극단적 행동으로 나타나는 것은 아니다. 다만, 관계에서 걸림돌이 되어 넘어지기가 쉽고, 하나님과의 관계 속에서 은혜와 기쁨을 누리지 못하게 하며, 신앙생활(교회 생활)과 인간관계에 어려움을 주기에 살펴볼 필요가 있다.

그중에 '경계선 성격 장애'(borderline disorder)에 대해 알아보기로 하자.

얼마 전에 재판 중인 사건 가운데 전 국민에게 충격과 공포, 두려움을 준 것이 '고유정, 전 남편 토막 살인 사건'(2019년)이다. 현 남편의 아들 역시 질식사로 죽었기에 수사가 진행되고 있다. 인터넷상에 올려진 이 사건의 개요와 전문 상담자들의 진단을 살펴보도록 한다.

• **사건의 개요는 다음과 같다.**

고유정은 결혼 시절부터 남편을 통제하며 폭력을 일삼았다. 남편이 이혼을 요청하고 이혼이 성사되었지만 그 당시 4살 아들의 양육권은 고유정에게 갔다. 남편은 대학원 재학 중임에도, 아르바이트로 생계를 연명하며 고유정에 양육비로 매달 40만 원을 지급했다. 고유정은 재혼하여 청주에서 살고, 아들은 제주도 친정에 맡겨 놓았다. 고유정은 아들이 있는 곳을 철저히 숨겼다. 남편은 아들을 그리워하며 만나고 싶어 하는데 고유정은 아들을 2년간 만나지 못하게 했다.

남편은 아들의 면접 교섭권 요청 중에 고유정이 재혼을 했고, 아들이 제주도에 있다는 것을 알게 되면서 양육권 소송을 걸었다. 이때부터 고유정과 불화가 증폭되었다. 남편은 2년 법정 공방 끝에 승소, 아들 면접 교섭권을 얻게 되어 드디어 그리워하는 아들을 만나러 갔다.

그 전에 5월 22일 고유정은 제주도 마트에서 쓰레기봉투 30장, 칼, 톱, 표백제 등 각종 살인 도구를 구입했다.

남편은 아들을 만나러 가는 길에 차 안에서 행복하게 <걱정 말아요 그대> 노래를 부르며 아들의 이름을 부르는 것이 블랙박스에 포착되었다. 남편과 고유정은 테마파크에서 만나 고유정이 예약한 한적한 펜션으로 갔고, 고유정은 남편에게 수면제를 먹여 반수면 상태인 피해자에게 흉기를 휘둘러 죽였다(피해자는 완전히 의식을 잃은 상태가 아니어서 공격을 받았을 때 필사적으로 도망가려 했던 듯 방어 혈흔이 발견되었다고 한다).

고유정은 잘게 분쇄된 시신을 쓰레기봉투 30여 개에 나눠 담아 제주에서 완도로 가는 뱃길에 버리고 완도에서 아버지 명의의 아파트가 있는 김포로 가는 도중 전남 영암 등에서 시신을 유기했다. 그리고 다시 김포에서 2차로 시신 훼손 작업을 하여 새벽에 쓰레기장에 버린 후, 청주에서 머물다가 6월 1일에 체포되었다.

• 수사에 대한 내용을 적어 보면 아래와 같다.

피의자 고유정은 전남편의 가해 행위와 성폭행 시도로 어쩔 수 없이 죽였다며 줄곧 우발적 정당방위를 주장하고 있다. 그러나 범행 도구 구입과 CCTV 내용으로 허위가 밝혀졌다. 또한, 조작된 남편의 문자를 보내 남편에게 죄를 전가하려고 했고, 범행 전 범행과 관련된 단어들을 검색한 것으로 볼 때 계획된 범죄를 꿈꾸었던 것이 자명해졌다.

이 사건에 앞서 고유정과 재혼한 현 남편에게는 전처와 사이에서 태어난 4살 아들이 3개월 전 잠을 자다가 의문의 죽음을 맞이하였는데 현 남편은 고유정이 자기 아들을 살해한 것 같다며 고소를 한 상태이다.

이에 대한 범죄 심리학자들은 고유정에 대해 여러 가지 진단을 내렸다. 한 학자는 자기 연민형 사이코패스로, 고유정은 통제가 가능했던 전 남편이 이혼 소송과 양육권 소송에서 거세게 부딪쳐 오자 사이코패스적 성향이 분출되었을 가능성이 있다고 했다.

또 다른 범죄 심리학자는 경계성 성격 장애라는 진단을 내렸다. 분노 조절이 되지 않은 피의자가 감정 기복을 다스리지 못해 범행을 저질렀을 것이라 봤다. 경찰은 수사 브리핑에서 고유정이 사이코패스(반사회적 성격 장애)는 아니라고 말했다. 범행 수법이 잔인하다고 꼭 사이코패스는 아니다며 정신 질환에 의한 범행에 선을 그었다.

위와 같이 이 사건에 대해 장황하게 설명하였다. 그 이유는 고유정의 성격(인격 장애)에 초점을 두었기 때문이다. 그녀의 남편과의 카톡 내용 기사를 캡쳐해서 보면 아래와 같다.

처음 공개된 문자는 지난해 10월 31일 작성된 거였다. 고유정은 이 문자에서 "다 죽이고 끝내겠다." 등의 말을 했다. 당시 고유정은 현 남편과의 사이에서 임신한 첫 번째 아이를 유산한 뒤 몸조리를 하겠다며 집을 나간 상태였다고 한다. 그는 현 남편이 카카오톡 프로필 사진을 A군으로 바꾸자 "갓 품은 아이도 못 지킨 주제에", "보란 듯이 네 자식 사진 걸어놓고 뿌듯하냐"며 분노를 표출했다. 현 남편에 따르면 고유정은 평소에도 "죽어서 보자", "지옥에서도 다시 죽여버리겠다" 등의 협박성 문자를 수시로 보냈다.

현 남편은 "(고유정이) 칼을 들고 '너 죽고 나 죽자', '행동으로 보여 줄게' 이런 말들을 해서 제가 제압했던 적이 있다"고 말했다. 고유정은 올해 2월 두 번째 유산 이후 더욱 심각한 감정 기복을 겪었다고 한다. 그는 A군이 숨지기 닷새 전 현 남편에게 "너는 지금 내 끝을 건드렸다. 후회해라, 사람이 죽어야 끝난다", "너의 희생과 감정 배려는 오직 네가 가족이라 생각하는 2명에게뿐"이라는 문자를 보냈다. "네 자식 품어보겠다고 발악하던 내가 당장 죽어도 한이 없을 만큼 부끄럽다"라는 폭언도 쏟아냈다. 고유정의 폭력적 성향은 전남편과 결혼 생활을 유지하던 중에도 나타났다.

전 남편의 지인은 최근 SBS '궁금한 이야기 Y'에서 "(고인의) 몸에 흉터가 아주 많았다"며 "나중에 알고 보니 고유정이 화나면 폭력적으로 변했다더라. 물건을 던지고, 할퀴고, 때렸다고 한다"고 말했다. 전 남편의 동생도 MBC '실화 탐사대'와 인터뷰에서 "형이 (고유정에게) 휴대전화로 맞아 피부가 찢어진 적도 있다. 고유정이 아이가 있는 데도 흉기를 들고 (형을 향해) '너도 죽고 나도 죽자'라고 말하기도 했다"라고 주장한 바 있다.

고유정의 심리 상태를 보면 자존감이 무척 불안정하고 낮음을 추론할 수 있다. 사이코패스는 태어날 때부터 지닌 정신병이며, 소시오패스(사실 이 용어는 정신 분석학적 용어가 아닌 사회적 용어로 생성된 용어이다)는 환경과 성격이 형성되는 과정에서 생긴 정신적 질병이다.

무엇보다 공감 능력이 부족하며, 자기가 상대방을 위해 했을 때 죄책감이나 고통 등을 느끼지 못하는 무서운 병이다. 그런데 고유정은 그러한 류의 정신 질병을 가지고 있지 않다고 한다. 전형적인 '경계선 성격 장애'라고 진단하였다.

경계선 성격 장애(boderline disorder)를 가진 사람의 증상은 마음에 드는 사람을 지나칠 정도로 이상화 하는 것이다. 문제는 동일한 사람이 조그만 실수나 잘못을 저지르면 지나치게 실망하거나 가치절하한다는 것이다. 그 실망과 가치절하가 분노로, 극단적 상해로 나타날 수 있다. 경계선 성격 장애가 사람들의 관계 속에서 많은 어려움과 갈등을 제공한다. 이런 사람은 대인 관계가 매우 불안정하다. 자기 삶도 힘들고 상대방도 힘들게 한다. 좋을 때는 너무 좋아한다.

그러나 싫을 때는 너무 싫어한다. 싫을 때는 일시적으로 해리 상태(사람의 의식 상태, 기억 그리고 그들의 주변을 인식하는 방법을 바꿔버리는 방어 기재 가운데 하나인 정신 질병으로 조현병으로 발전되기도 한다)에 빠질 정도로 격노한다. 크리스천이어도 격노하면 입에 담기 힘든 욕설을 하며 상대방에게 폭행을 가하기까지 한다. '도' 아니면 '모'식으로 사람들과 관계를 맺는다. 개, 걸, 윷은 존재하지 않는다고 총신대학교 이관직 교수는 설명한다.

그래서 경계선 성격 장애자는 대인 관계가 힘들며, 가정생활에 있어 큰 고통을 가족들에게 안겨 준다. 대상관계이론이 잘못 형성되기 때문에 경계선 성격 장애를 겪을 수 있다.

어렸을 때가 생각난다.

아버님은 알코올 중독과 전형적인 경계선 성격 장애를 가지고 있었다. 폭력성, 분노 조절 장애, 낮은 자존감 등은 물론이다. 어머님과 2남 1녀가 당한 고통은 끔찍할 정도이다. 결국, 어머님은 합병증으로 일찍 돌아가셨고, 아버님은 사별 후 곧 재혼하셨다. 어릴 적 시골에서 살던 집은 당시로서는 드물었던 이층집이었다.

그러나 가정생활은 지옥이었다. 아버님의 발소리만 들려도 심장이 두근거릴 정도로 불안하고 두려웠다. 자녀들 또한 아버님이 있을 때는 늘 뒤꿈치를 들고 다녔다. 주로 밤새 술 마시고, 낮엔 잠을 주무시는데 발소리에 잠을 방해 놓는다고 대번에 욕설을 쏟아내곤 하였다. 파, 마늘을 못 드시는 관계로 혹시라도 찌개나 국에 그것들이 하나라도 들어가면 밥상이 엎어지기 일쑤였다. 콩을 무척 좋아하셨는데 어머님이 모르고 콩을 넣지 않고 밥을 지으면 역시 분노가 폭발하시곤 했다. 지금도 마음 아픈 기억이 겹겹이 쌓여 있다.

초등학교 4학년, 그날 밤 따라 아버님은 완전 술에 취하신 채 현관문을 세게 걷어차며 들어오셨다. 잠을 자고 있던 나는 직감적으로 눈에 살기에 차신 아버님의 모습에 두려움을 느끼고 본능적으로 이층의 옥상으로 도망을 쳤다. 그날따라 어머님과 형, 누나는 아버님이 술에 취해 동네를 휘젓고 다니는 것을 알고 나갔는지 혼자만 집에 있던 터였다. 아마도 내가 잠이 들었으니 두고 피신(?)한 것 같다. 이층으로 쫓아오시는 아버님을 더 이상 피할 곳이 없었다.

마침 옥상 난간 밑에 시멘트 처마가 있었다. 위험한 순간이었지만 숨을 곳이 없어 난간과 처마 사이의 그곳으로 몸을 숨겼다. 네 시간을 그 속에서 두려움과 서러움을 지닌 채, 유독 빛나는 별을 쳐다보며 자살하고 싶은 충동을 느꼈다. 내가 죽으면 아버님이 술을 안 드실까 하는 생각, 지금 생각해 보니 방어 기재로서 극단적 자해를 하려고 했던 것이다.

그러나 죽을 용기가 없어 그렇게 밤을 보내며 새벽을 맞이하였다. 아버님은 결국 여느 때처럼 밤새 술을 드신 후 아침에 잠이 들었다. 조용히 방에 들어오긴 했는데 어떻게 아침을 맞이하였는지 기억이 없다. 약간의 해리 현상을 경험한 것 같다.

배우자가 경계성 성격 장애를 갖고 있으면 결혼 생활은 무척이나 고달프다. 부부 관계가 폭력으로 얼룩질 수 있다. 부모가 경계선 성격 장애를 가지고 있으면 자녀는 불안과 분노 등에 매우 취약해진다. 대상 항상성(object constancy)이 형성되기 전 단계에서 주로 부모 대상과 불안정한 애착 관계를 형성할 때 아이는 이상화와 가치 절하를 경험한다.

대상 항상성이란 심리 발달 과정에서 아기의 상태와 관계없이 일관성 있게 대상관계를 맺어줄 수 있는 부모의 심리적 능력 또는 아기가 부모와 안정된 대상관계 경험을 통해 일관성 있는 대상으로 인식하고 관계할 수 있는 능력을 의미한다.

아이가 부모 대상과 불안정한 애착 관계를 형성할 경우 엄마 또는 아빠가 좋을 때는 너무 좋고 싫을 때는 너무 싫게 느껴지는 양극단의 심리적 경험을 하게 된다. 그러나 아이가 심리적으로 성장하면 엄마나 아빠가 좋은 면과 안 좋은 면을 아울러 갖고 있는 현실적인 대상으로 인식하기 시작하는데, 그렇게 되면 안정된 애착 관계와 대상 항상성을 유지하는 심리적 능력이 생긴다.

그러한 불안정한 대상 단계에서 고착되면 성인기에 접어들어 경계선 성격 장애로 진단받을 가능성이 높다. 이에 대해 치료와 치유 받음 없이 결혼하게 되면 성인 아이(adult child)가 되어 가정생활과 사회생활, 인간관계에 큰 고통을 겪게 된다.

크리스천이라고 해서 모든 면에 있어 완벽한 변화와 치유됨으로 회복되는 것은 아니다. 완전한 치유자, 완전한 사람은 참 하나님 되신 예수 그리스도밖에 없다. 구원받았다고 해서 성격 장애적 요소가 모두 사라지고, 불완전한 면이 완전함으로 회복되는 것은 아니다. 심리적인 요소가 구원의 완전성에 도달하지 못하였기 때문에 많은 시간과 끊임없는 노력이 필요하다. 여전히 성격 장애적 요소가 존재하기 때문이다. 이 땅에서의 성화 과정이 미완성으로 끝나겠지만 성화 되어 가는 과정 중에 있기 때문에 얼마든지 치유와 회복이 일어날 수 있다.

교회에서의 신앙생활 가운데 인간관계가 힘든 이유가 바로 이러한 경계선 성격 장애의 요소가 있기 때문이다. 세상은 교회와 목회자, 성도들을 향해 온갖 악플과 욕설을 쏟아 내는 사람들이 많다. 교회 안에서도 치유 받지 못한 경계선 성격 장애 때문에 상처를 주고받음으로 관계를 무우 자르듯이 단절하며 고립된 생활을 하는 사람들이 많다.

어떤 사람은 이러한 경계선 성격 장애 때문에 내면적으로 허약함을 느끼기에 일탈적 행위를 시도한다든가, 섹스 중독, 쇼핑 중독, 알코올 중독, 도박 중독, 관계 중독 등 가정을 해체하거나 육신적, 영적 멸망으로 가는 길을 걷기도 한다.

경계선 인격 장애(경계성 성격 장애, borderline personality disorder)의 원인과 건강한 자존감으로 극복할 수 있는 방안에 대해 좀 더 구체적으로 살펴보자. 경계선 인격 장애는 대인 관계에서 심각한 문제를 야기하는 경우가 많다. 인간관계에 지나치게 집착하거나 데이트 폭력과 같은 극단적인 행동을 보이기도 한다. 심리적으로 불안정하고 극단적인 충동성과 공격적인 모습으로 인해 사회에서 적응하는데 어려움을 느끼기도 한다. 대인 관계에서 극단적인 감정의 변화를 느끼거나 친구 관계를 쉽게 끊어 버릴 때 내가 경계선 인격 장애가 아닌지 생각을 하기도 한다.

심리적인 고통을 느끼는 사람들에게 경계성 인격 장애 성향이 두드러지게 나타나는 것은 사실이다. 우울증 환자의 30-40퍼센트가 경계선 인격 장애를 동반하기도 한다. 우울증, 공황 장애, 외상 후 스트레스 장애, 섭식 장애, 사회 공포증, 약물 중독 등과 동반되어 나타나기도 한다.

몇 년 전에 전남편을 토막 살인한 고유정, 최근 남편을 가평 계곡에서 다이빙을 시켜 익사하도록 한 이은혜, 전 여진을 데이트 폭력으로 사망게 한 김병찬, 이별 통보 여성과 그의 어머님을 살해한 조현진, 이들의 공통점은 무엇인가?

극단적인 경계선 인격 장애를 가진 사람들이라는 것이다. 소시오패스(반사회성 성격 장애)를 가지고 있다고 진단하는 사람도 있다. 이는 타인의 감정을 무시하고, 죄책감 혹은 수치심이 결여되었으며 타인을 조종하는 행동을 하고, 자기중심적이며, 목적 달성을 위한 거짓말을 일삼는 특징을 갖고 있다. 소시오패스는 위험하거나 다루기 굉장히 힘들기에 연인 또는 직장 동료 등 함께하는 사람들 중 소시오패스가 있는지 확인하는 것이 중요하다.

소시오패스를 구별하는 방법을 알고 싶다면 그 상대가 하는 행동과 말을 주의 깊게 살펴야 한다. 하지만 그보다는 경계선 인격 장애(경계성 성격 장애)에 더 가깝다고 본다. 이러한 장애를 극복할 수 있는 길은 자존감을 업그레이드하는 것이다. 성경은 자존감을 높이는 데 큰 도움을 준다.

2. 성경이 말씀하는 자존감 업그레이드

(1) 성경은 당신의 감정을 표현해도 좋다고 말씀하고 있다.
(2) 성경은 당신이 원하는 것을 원해도 괜찮다고 말씀하고 있다.
(3) 성경은 항상 진실을 말하라고 권하고 있다.
(4) 성경은 마음의 것을 토하라고 말씀하고 있다.
(5) 성경은 사람은 완벽하지 않다고 말하고 있으며, 또한 당신을 부끄럽게 생각하지 않는다고 말하고 있다(습 3:17).
(6) 성경은 일한 후에 적절한 휴식을 권면하고 있다.
(7) 성경은 하나님이 당신을 '그토록' 사랑한다고 말씀하고 있다.
(8) 성경은 당신의 인생을 즐거워하며 행복해도 좋다고 말하고 있다.
(9) 성경이 말씀하고 있는 내용을 바탕으로 다음과 같은 노력을 하자.
(10) 자기가 하나님 앞에 존귀한 존재임을 인식하는 기도를 하라.
(11) 성령님의 내적 음성을 듣도록 성경을 묵상하며 기도하도록 하라.

(12) 상처받고, 실수하고, 고통으로 남은 그 사건 속으로 들어가라(직면).

(13) 당시에 받았던 감정을 느끼고 표현하라. 혹은 노트에 적도록 하라.

(14) 당신에게 상처를 준 사람을 용납하며 떠나 보내도록 하라.

(15) 그 사건에 함께 계셨던 예수님을 생각하고, 십자가 앞에 모든 짐을 내려놓도록 하라.

그러므로 부정적인 생각을 끊고, "만약 ~하였다면"에서 "만약~하면"으로 마음의 생각을 바꾸도록 하자. 이러한 내면의 깊은 영적 세계로 들어가면 내적 치유를 경험함으로 영적 해갈함과 자존감을 높이는 은혜를 경험할 것이다.

Our Journey to Self-Esteem

제14장
자존감이 높은 부모의 자녀교육

한 사람의 자존감이 형성되는 곳은 어디일까?

두말할 필요 없이 가정이다. 특별히 부모로부터 자녀들은 자존감이 형성되는 출발점이 된다. 가족 구성원이 낮은 자아 존중감(자존감)을 갖게 되면 그들은 서로에 대한 사랑과 관심, 고마움을 나타내기보다는 비평과 비난이 오가고 왜곡된 대화의 형태가 나타나게 된다. 부모가 낮은 자존감의 삶을 살면 자녀들도 그렇게 될 확률이 상당히 높다.

필자의 가정 역시 아버지의 낮은 자아 존중감으로 인한 고통을 많이 겪었다. 지금도 '그때의 그 사건'을 생각하면 가슴이 미어진다. 초등학교 4학년 때의 일이다. 당시 살던 이층집에 아버지와 단둘이 있었는데 정전이 되어 온 집안이 캄캄한 상태였다. 그때 아버지께서 부엌에서 초를 가져오라고 말씀하셨다. 부엌으로 가려면 나무 계단 네 개를 내려가야 했고, 나무 계단 밑에는 시멘트로 만들어진 지하실 공간이었다. 나무 계단을 빼야만 지하실 계단(시멘트)을 이용해 들어갈 수 있는 구조였다. 한치 앞을 볼 수 없는 어두움 속에 손으로 더듬어 부엌문을 열고 머리에 계단을 그려가며 두 번째 발자국을 떼었다.

순간 두 번째와 네 번째를 연결하는 세 번째 계단은 없었고, 1미터 아래의 시멘트 계단으로 떨어지는 끔찍한 일을 겪게 되었다. 다행히 다리와 목이 V자 형태로 나무 계단에 걸려서 밑으로 떨어지지는 않았다. 아마 떨어졌으면 머리에 큰 상처를 입었을 것이다. 목으로 떨어 졌으면 … 아찔한 순간이었다. 식은 땀을 흘리며 간신히 방으로 돌아왔다. 자초지종을 말씀드리고 나자 실소를 머금으시며 하신 아버지의 한 마디가 지금도 소름을 돋게 한다.

"내가 일부터 빼놨다!"

그리고 내가 어떻게 되나 심부름을 시킨 것이다.

대학교 1학년이 되었을 때, 결국 아버님 옆에서 온갖 술주정과 핍박을 받으신 어머님은 알 수 없는 합병증으로 세상을 떠났다. 장례를 치르는 순간에도 술에 취한 채 문상객들을 맞이하는 모습에 부끄럽기까지 하였다. 그리고 아버지에 대한 원망과 미움은 가슴 깊이 박힌 돌이 되어 버렸다. 7년 후에 아버지도 술로 인한 간암으로 세상을 떠났다.

그러나 그 7년은 아버지와의 관계가 회복되고 많은 대화를 나누는 시간이었다. 수술 가운데 하나님의 신비한 체험을 통해 아버지는 전도자의 삶을 사시다가 하늘나라에 입성하셨다. 무엇보다도 아버지에게 형성된 낮은 자존감, 알코올 중독, 외로운 늑대 같은 대인 기피증, 분노 장애 등의 원인을 알게 되었다.

낮은 자존감의 구체적 원인은 무엇일까?

심리학자 로라 매티스(Laura Matis, 1997)는 중요한(일차적) 타인들, 즉 부모, 형제로부터 그 원인을 찾고 있다. 특별히 부모는 자녀의 자존감 형성에 핵심 역할을 한다.

고등학교 2학년, 중학교 3학년 두 딸을 둔 학부모 박 아무개 씨는 지난해 11월 둘째 딸 학교에서 '자녀가 친구들을 심하게 괴롭힌다'는 내용의 전화를 받았다. 늘 엄마의 기대를 채워 주던 얌전한 딸이었다. 박 씨는 당황해 아이에게 야단을 쳤다. 딸은 "걔는 공부도 못 하는데 내가 왜 혼이 나야 하는지 모르겠다"는 말을 남기고 집을 뛰쳐나갔다. 그리고 꼬박 사흘 동안 돌아오지 않았다. 놀란 엄마는 큰딸에게 하소연하였다. 한데 큰딸은 "동생의 마음을 이해한다"고 했다. 박 씨는 뭔가 잘못되었다는 생각이 들어 한 상담 센터를 찾아 가족 상담을 받았다.

박 씨의 문제는 딸들의 성적에 너무 강하게 집착한다는 데 있었다. 큰딸은 학교는 물론 지역에서도 손꼽히는 수재였다. 둘째 딸도 학교에서 전교 10등 권에 속한 우수한 학생이었다. 박 씨는 딸들이 어릴 때부터 "학생일 때는 성적이 가장 중요하다. 대학을 잘 가야 성공한다"고 입버릇처럼 말했다. 시험 결과가 좋지 않으면 하루 종일 딸들과 한마디도 하지 않았다. 조용히 집을 나가 밤늦도록 들어오지 않는 날도 있었다.

박 씨는 "딸들이 실망한 엄마의 모습에 자극을 받아 공부를 더 열심히 할 것으로 생각했다"고 말했다. 하지만 딸들의 생각은 달랐다. 큰딸 유 아무개(17) 양은 "시험 전날에는 내 성적 때문에 엄마가 가출하는 꿈을 꾼 적도 있다"고 고백했다. 시험 전날, 시험을 치른 다음 날 엄마의 심리 상태를 걱정하다 시험을 망친 적도 있다고 했다. 시험을 보다가도 헷갈리는 문제가 나오면 엄마부터 생각났다고 한다.

둘째 딸 유 아무개(15) 양은 "성적에만 관심 있는 엄마가 너무 싫었다"며 "지금보다 공부를 못했다면, 내가 먼저 집을 나갔을 것 같다"고 말했다.

자녀의 진학과 성취를 통한 대리 만족이 큰 부모일수록 자존감이 낮은 경우가 많다. 부모에게 존중받지 못한 아이는 자존감 발달에 장애를 일으킨다. 이럴 때 자신과 자녀를 떼어내 신뢰 형성(Rapport 관계 형성)을 함으로 자존감을 키워주어야 한다. 자기 자존감을 자녀로부터 채우지 않도록 한다. 자존감이 건강하고 성숙하게 형성될수록 부모는 자녀에 대한 교육에 신경을 써야 할 것이다.

1. 건강한 관계를 위한 건강한 자존감 세우기

먼저 자존감 회복을 위해 극복할 것들이 있다.

1) 상처 극복하기

목회하면서 참으로 이상한 현상을 발견하였다. 교인들이 같은 교인을 통해 큰 상처를 받았다고 하소연한다. 그런데 아이러니한 것은 상처를 받았지 상처를 주었다고 생각하는 사람은 한 사람도 없다는 것이다. 우리는 상처를 주기도 하고, 상처받기도 하는 연약한 인간임을 인정하자.

그렇다면 상처란 무엇이며 그 상처는 어떻게 극복할 수 있을까?

- Whatever : 무엇이든 상처가 될 수 있다. 어떤 말도 상처가 될 수 있고, 어떤 사건, 어떤 행동도 상처로 남을 수 있음을 인정하고 인지해야 한다.

- However : 상처를 표현하는 방식 역시 무엇이든 될 수 있다. 어떤 사람들은 눈물을 흘리고, 어떤 사람들은 화를 낸다. 웃음으로 표현하는 사람도 있고, 어금니를 꽉 깨무는 사람도 있다. 아무렇지 않은 듯 살아가는 사람도, 그런 일 없다며 둘러대는 사람도 있음을 알자.
- Whenever : 어떤 사람들은 상처가 생기자마자 드러나지만, 몇 년이 흐른 후에 나타나기도 한다. 몇십 년이 흐른 뒤에, 상처에 사로잡히는 사람도 있고, 빨리 시작해서 빨리 끝나는 사람도 있다.

이렇듯 트라우마(상처)는 매우 다양해서, 정해진 규칙은 없다. 하지만 중요한 공통점이 있다. 모든 트라우마는 과거에 일어난 일이라는 것. 마치 커다란 개구리 사진 같다고 생각하면 된다. 커다란 개구리 사진을 어린아이들에게 보여 주면 다들 무서워하며 뒤로 물러나거나 울음을 터트린다. 하지만 사진은 그 자체로 절대 우리를 해칠 수 없다. 단지 그 개구리 사진에 겁을 먹은 순간엔 괜찮다는 말이 와닿지 않을 뿐이다.

2) 내 마음의 트라우마를 극복하기

마음에 받은 상처는 종종 흔적을 남긴다. 시간이 약이라고 하지만 덜 아문 자리가 불쑥불쑥 아픔을 준다. 잊을 만하면 자꾸 그 일이 떠올라 괴롭다. 겉은 아물었지만 속은 곪아 있어서 갈수록 더 아픈 경우도 있다. 성추행 사건이 그렇다. 건드렸을 때 유독 큰 고통을 느끼는 부분, 이를 '마음의 급소'라고 한다. 사람들에게는 저마다 마음에 급소가 있다. 이는 과거의 상처와 연관되어 있다.

형제간의 차별이 상처로 남은 사람에게는 경쟁해야 하는 상황이 급소다. 억울한 누명을 쓴 트라우마가 있는 사람은 조금이라도 억울한 상황이 되면 급소로 작용한다. 사고로 가족을 잃었다면 그 사고의 유발 원인, 곧 자동차나 화재, 위험한 도구, 사람으로 인하여 큰 피해를 당했다면 그 사람과 비슷한 사람만 봐도 급소가 되어 버린다. 이를 극복할 방법은 우리의 자존감을 동원하는 것이다. 우리의 자존감을 통해 급소를 방어하는 방어 기제를 사용하는 것이다.

3) 급소를 보호하는 방어 기제

마음의 급소가 노출되지 않고 아픔으로 이어지지 않게 보호하는 방식을 '방어 기제'라고 부른다. 이솝 우화에 나오는 '여우와 신포도' 얘기는 '합리화'라는 방어 기제의 대표적인 예로 통한다. 포도가 시어서 안 먹는 거라며 자신을 합리화하는 것, 이것이 여우의 방어 기제다. 어떤 방어 기제를 사용하느냐에 따라 인격이나 성격이 결정된다고 주장하는 사람들도 있다.

4) 미숙한 방어 vs 성숙한 방어

급소를 보호하기 위한 방어 기제 자신이나 타인에게 오히려 해를 끼치는 경우가 있다. 이를 미숙한 방어 기제라고 부른다. 성폭행 트라우마를 겪고 나서 이를 극복하고자 쓰는 방어 기제가 자해, 알코올 의존, 문란한 성생활을 하는 경우이다. 알코올 중독의 아버지에게서 많은 고통을 받은 자식이 오히려 자신이 결혼 후에 술 중독에 빠지는 경우, 곧 술에 의존하는 자기 합리화가 이러한 미숙한 방어 기제다.

미숙한 방어 기제에는 이 밖에도 비난과 자책이 대표적이다. 안 좋은 느낌이 올라올 때 타인을 공격하면서 탓하거나 자기를 비난하면서 시간을 보내기도 하고 험담을 하면서 방어하는 경우도 있다. 가령 시어머니에게 상처받았는데 그 감정을 받아들이기 힘들고 당사자에게 서운함을 표현할 자신도 없다. 그래서 자식이나 친정 식구들에게 괴로움을 토로한다. 심지어 자식에게 폭력을 행사한다. 이러한 것들이 미숙한 방어 기제다.

급소를 꾹꾹 눌러 담기만 하는 억압을 사용하는 사람들도 있다. 이들은 대개 엉뚱한 데서 폭발하는 양상을 보인다. 남편에게 화가 났는데 자녀에게 "너도 네 아빠 닮아서 그 모양이야"라며 화를 낸다. 이와는 반대로 자책하며 스스로를 책망한다. "나는 바보야, 나는 안돼, 나 같은 놈은 죽어야 해" 등의 말로 자신을 죽이는 방어 기제가 곧 미숙한 방어 기제다.

미숙한 방어 기제와는 반대로, 성숙한 방어 기제를 갖춘 사람들은 자기 마음을 방어하면서도 아무에게도 해를 끼치지 않는다. 성숙한 방어 기제의 대표는 '승화'(sublimation)이다. 자기가 겪은 나쁜 사건이나 그와 관련된 부정적인 감정을 생산적인 활동으로 발달한다. 예컨대 왕따와 우울증을 경험한 청소년이 어른이 되어 왕따 학생들을 돕는 심리 전문가가 되는 경우가 그렇다. 어릴 때 느낀 답답함과 슬픔을 기억하기에 누구보다 공감력이 뛰어난 치료자가 될 수 있다.

헨리 나우웬의 '상처 입은 치유자'가 이에 해당된다. 상처 입은 경험을 가진 자가 상처 입은 사람들을 치유할 수 있다는 얘기다. 예수님이 죄인들의 친구가 된 것은 가장 어렵고 상처가 된 십자가를 대신 지고 가셨기 때문에 우리의 진정한 친구가 되어 공감과 위로를 해 주시는 경우다.

예수님이 고난을 당하셨지만 사랑으로 구원하시는 것은 승화의 방어 기제를 사용하신 것이다.

방어 기제의 종류를 더한다면 다음과 같다. 이를 참조함으로 자기 상황 속에서 성숙하고 적절한 방어 기제를 사용하도록 하자.

분리(분열, 분할, 분단), 부정, 투사, 해리(비현실적 상상, 공상, 다중 인격 장애), 행동화(충동적인 반사 행동, 저항, 폭력 등), 합리화(변명, 정당화, 현실 왜곡…), 반동형성(반작용 형성, 미운 아이 떡 하나 더 주는 경우), 억압(의식하기 고통스러운 것들을 무의식으로 억누르는 형태, 기억을 잊기 위해 노력하는 억제와 구분이 필요함), 퇴행(어린 시절 미성숙한 단계로 돌아가 버린다. 동생이 생기자 첫째가 갑자기 손가락을 빠는 것), 취소(스스로 용납할 수 없는 행동에 죄책감을 느끼며, 행동을 취소함으로써 잘못에 대한 보상을 취함, 자책이 심화될 때 …), 치환(전위, 전치, 자기 욕망이나 충동을 이와 관련된 당사자에게 표출하지 않고, 덜 위협적이거나 안전한 상대에게 표출하는 것 - 가정 불화, 아동 학대의 요인이기도 하다. 직장에서의 스트레스를 집에 와서 풀려고 하는 경우), 주지화(감정을 분리하고 이성적이고 합리적인 방식으로 대처 또는 집중), 마지막으로 성숙한 방어 기제인 '승화' 등이 있다.

상처는 과거이다. 바꿀 수도 없고 지울 수도 없는 과거이다. 어릴 때 부모에게 학대 받은 상처, 선생님에게 받은 상처, 친구들에게 당한 따돌림, 가족의 죽음으로 인한 상실감과 아픔 … 바꿀 수 없는 과거이다.

그런 일로 오늘의 '나'가 마음과 생활에 얽매임과 우울증과 질병에 빠져서는 안된다. 마음속 응어리가 승화되도록 해야 한다. 용납하거나 용서해야 한다. 오늘의 행복을 과거의 일로 침해 받아서는 안된다. 때로는 오늘의 나와 과거의 나를 분리하도록 한다. 과거의 상처를 오늘의 내 자존감을 승화시킴으로 극복하도록 하자.

- **성공적인 관계를 돕는 문제해결의 3단계 – ACT**
  ① A(accepting) : 문제 상황을 인식하고 자기 문제를 인정한다.
  ② C(Choose) : 많은 대안을 창출하고 가장 효과적인 해결책을 선택한다.
  ③ T(Taking Action) : 선택한 해결책을 활용하고 실천한다.

	– 자기를 잘 표현한 문항에 체크 표시를 하고, 체크한 문항 수를 더해 맨 아래 총점 란에 기입해 보자.	
1	만나는 사람 대부분이 내게 첫인상이 좋다고 말해 준다.	
2	호감을 끌 수 있는 외모와 성격을 가졌다.	
3	언제나 깔끔한 차림새와 상황에 맞는 분위기를 연출하려고 노력한다.	
4	처음 만나는 사람과도 공통분모를 쉽게 찾아낸다.	
5	한번 친해지면 도움을 요청할 일이 없을 때도 일상적인 연락을 하고 지낸다.	
6	다른 사람의 장점을 잘 찾아내고 효과적으로 칭찬하는 법을 알고 있다.	
7	밝은 표정에 잘 웃는 편이고 유머 감각이 풍부하다.	
8	상황이나 분위기를 잘 맞추고 눈총 받는 일은 안 한다.	
9	처음 만난 사람과도 금방 친해진다.	
10	잘생긴 외모는 아니지만 인상이 좋다는 말을 많이 듣는다.	

결과 해석	
8 - 10점	처음 만난 사람을 만나 관계를 시작하는 데 문제가 없다.
4 - 7점	당신은 이 첫 만남에서부터 사람을 끌 수 있는 여러 가지 호감 요인을 이미 갖고 있다.
0 - 3점	첫 만남에서 호감을 살 수 있는 사람과는 거리가 멀다. 그러나 지금부터 변화를 시도해도 늦지 않다. 지금까지의 자기 행동과 태도를 점검하고 더 나은 모습을 연구하고 실천하라.

건강한 자존감은 자신을 계발하고 마음의 변화를 꾀하는데 용기를 내고 도전하는 것이다. 40세 이후에는 얼굴에 책임지라는 말이 있다. 마음의 생김새(?)가 얼굴로 나타난다.

2. 자녀의 자존감을 높여 주는 방법 8가지

우리는 어떻게 자녀의 자존감을 키워줄 수 있을까?

첫째, 당신의 배우자와의 관계를 삶의 우선순위로 삼으라.
자녀 교육에 성공한 부모들을 보면 하나의 뚜렷한 특징이 발견되는 데, 바로 자녀보다 부부 관계를 우선순위에 둔다는 점이다. 우선적으로 서로 사랑하는 부모는 자녀에게 안정감을 마련해 주는데 이것이 높은 자존감으로 이어진다.

① 신성한 '우리' 관계를 보호하라. 일주일에 한번은 당신을 위한 시간, 외식 또는 문화생활을 갖도록 하며, 이때 애정 표현을 자주하는 것도 자녀들에게 포근함과 안정감을 선사한다.
② 겸손히 서로의 차이점을 용납하라. 당신의 방식이 언제나 옳거나 유일한 것은 아니다.
③ 배우자에게 가장 친한 친구가 되라.
④ 함께 있으며(떨어져 있어도 함께하는 마음), 기도할 수 있는 질적인 시간을 가져라.
⑤ 결혼과 부부 생활의 행복함을 보여 주도록 한다.

둘째, 부모가 자식을 사랑한다는 말을 매일 표현해 주어라.

필자의 아들이 대학교를 다닐 때 마음의 큰 방황을 하였다. 급격하게 자존감이 무너지고 허무함으로 극단적 선택을 생각한 적이 있었다. 그때 아들의 마음속에 부모의 음성이 들렸다고 한다.

"사랑한다, 아들아!"

전화를 할 때도, 집에 왔을 때도, 카톡으로 이야기할 때도 엄마 아빠가 늘 해 주었던 말, 그것은 "사랑한다, 아들아!" 였던 것이다. 사랑은 자존감을 세워 주는 가장 놀라운 천상의 단어이다.

셋째, 자녀에게 자신감과 칭찬, 격려를 보내라. 그리고 때로 기다려 주는 여유를 가지라.

아이가 할 수 있는 일들을 대신 해 주려고 하지 말고, 여러 가지 시행착오를 거쳐 스스로 일을 해결하도록 격려하고 지지하도록 한다. 실수를 하더라도 이렇게 말해 보라.

"와, 대단한 걸, 참 잘했어. 다시 도전해 봐."

"엄마는 네가 자랑스럽다."

"참 잘했구나. 역시, 내 자식이다."

이러한 표현은 자녀에게 안정되고 건강한 자존감을 형성시킬 것이다.

넷째, 자녀와 충분한 시간을 함께 하라.

맞벌이를 하면 부모는 자녀에 대한 시간을 많이 갖지 못할 것이다. 아이들이 학교에서 늦게 오면 함께하는 시간은 더욱더 힘들 것이다. 그러나 가정의 규칙을 정해 하루 한 끼라도 가족과 함께 갖는 식사 시간, 주말에는 자녀와 함께 할 수 있도록 노력해야 한다.

다섯째, 자녀가 성취하는 일에 관심을 가져라.

매일 자신감을 주는 말을 하는 것이다. 인정과 칭찬을 아끼지 말라는 것이다. 패로트(2004)는 말한다. "자존감은 실제적인 능력의 원인이 아니다. 오히려 자존감은 실제적인 능력의 결과다." 성공하고 성취하는 경험을 할 때마다 칭찬과 인정을 아끼지 않도록 한다.

여섯째, 자녀를 존중하는 마음으로 대하며, 사춘기에 대비할 수 있게 도와주라.

공감과 감정적 이해로 자녀들에게 귀를 기울이고 반응하며, 사춘기가 되면 신체적, 사회적으로 어떤 일이 벌어질지를 알려 주라. 그리고 사춘기는 지나가는 과도기라는 것을 다짐하도록 해야 한다. 이때 부모는 기다림의 인내를 가져야 한다. 사춘기는 신경적으로 정상이 아니다. 사춘기 때는 정상이 아닌 일과 생각을 하는 것들이 정상적인 사춘기임을 알고 부모도 인내를 가지고 마음의 대처를 해야 한다.

일곱째, 자녀와 함께 기도하라.

기도할 때 자녀의 장점을 열거하고 그들의 특별한 은사와 재능에 감사하며, 축복하도록 하라.

여덟째, 긍정 마인드를 심어 주도록 하라.

이는 부부에게도 특별히 해당되는 자존감의 회복이다.

> 나 여호와가 말하노라 너희를 향한 나의 생각은 내가 아나니 재앙이 아니라 곧 평안이요 너희 장래에 소망을 주려 하는 생각이라(렘 29:11).

청교도들이 박해를 피해 미국으로 떠났다. 박해당할 때 그들은 희망을 놓지 않았다.

"아직 좋은 날이 오지 않았어. 그날이 반드시 올거야, 힘을 내자!"

서로를 격려하며 위로하고 희망을 키웠다. 그리고 미국에 도착하여 배고픔과 추위, 병에 많은 희생을 당했지만 그들은 좋은 날이 반드시 올거라는 신념과 믿음으로 현실을 극복하였다. 긍정적 마음가짐은 희망을 노래하는 것이며, 그것이 말씀과 기도로 결합되어 소망이 되는 것이다.

완전히 좋은 날, 바로 "천국에 입성하는 날이 아직은 오지 않았어, 그러니 잘 될 것이라는 희망을 갖고 내일의 소망을 붙잡고 나아가자!"라는 자존감으로 산다면 업그레이드의 인생을 살 수 있다.

남편의 폭력적 행동 때문에 엄청난 고통을 당하는 아내가 있었다. 더군다나 전 남편 때문에 큰 어려움을 당했는데 새 남편은 좋은 성품과 신앙을 가졌다고 판단하여 일생의 중대한 결정을 하게 되었다. 그러나 재혼하여 함께 지내는 시간이 지날 수록 남편의 분노 성격과 언어 폭력과 가학적 학대는 점점 수위가 높아져 갔다. 그러나 남편은 변하지 않았고, 자신에게 왜곡된 자아상과 강화된 분노조절 장애가 있다는 것을 인정하지 않음으로 심리 치료를 거부하였다. 결국 이혼 과정을 겪고 있는 안타까운 부부를 보았다.

폭력은 충분히 이혼 사유가 된다고 본다. 그러나 희망을 잃지 않고 기도하며, 끊임없이 남편의 치료를 위해 노력해야 한다. 물론, 남편은 자신에게 어떤 문제가 있는지를 객관적으로 살펴볼 필요가 있으며, 필요하다면 전문적인 상담사나 의사에게 치료를 받아야 한다. 자기 잘못된 부분을 인정하는 것에서 치료는 시작된다. 아내는 희망을 품는 기도를 성실과 인내로 드려야 한다.

999일까지 기도했는데 남편을 향한 기도가 응답되지 않았는가?

그러나 포기하지 말아야 한다. 1000일째 응답될 지 어떻게 알겠는가?

마치 인디언들이 기우제를 드리는 기도와 성격이 비슷하다. 물론 기도 드리는 대상이 완전히 다르지만 기도의 인내는 배워볼 필요가 있다. 인디언들이 비를 간구하는 기도를 드리면 반드시 비가 온다고 한다.

왜냐하면, 비가 올 때까지 기도하기 때문이다. 기도는 포기하지 않는 인내를 내포한다. 눈물의 기도가 결코 헛되지 않을 것이라는 희망과 신뢰를 가지고 기도하길 바란다. 자존감 업그레이드의 가장 좋은 출발은 기도하는 것이다. 다윗의 큰아들 압살롬의 모반에 아비 다윗은 큰 상처를 입는다. 결국, 광야로 피신하며 2년 동안을 숨어 지내게 된다.

그때의 다윗의 감정은 어땠을까?

수치스러움, 분노, 자존감 상실, 명예와 인생살이의 추락, 좌절과 원망 등이 혼재되어 있었을 것이다. 더우기 압살롬의 모반에는 수많은 사람이 등장한다. 반란이 일어난 밤, 아히도벨이 다윗을 배신하였다. 아히도벨은 밧세바의 할아버지이며, 압살롬이 다윗 당시 최고의 군사 전략가인 그를 반란에 동참케 하였다. 그는 손녀 밧세바를 범하고 손주 사위 우리아를 죽인 가정 파괴범 다윗에 대해 복수의 마음을 품었던 것이다.

이런 사실을 애써(?) 외면했던 다윗에게, 압살롬의 모반에 그가 함께한 사실에 큰 충격과 마음의 상처를 받았을 것이다. 다윗에 있어 아히도벨은 만 명의 군대보다 가치가 있는 존재였기 때문이다. 이 소식을 들은 다윗은 그 충격과 분노를 이렇게 고백한다.

> 나를 책망하는 자는 원수가 아니라 원수일진대 내가 참았으리라 나를 대하여 자기를 높이는 자는 나를 미워하는 자가 아니라 미워하는 자일진대 내가 그를 피하여 숨었으리라 그는 곧 너로다 나의 동료, 나의 친구요 나의 가까운 친우로 다 우리가 같이 재미있게 의논하며 무리와 함께하여 하나님의 집 안에서 다녔도다 사망이 갑자기 그들의 거처에 있고 그들 가운데에 있음이로다(시 55:12-15).

아히도벨의 배신에 충격을 받은 다윗은 하나님에게 다시 무릎을 꿇었다. 그의 영성의 정수인 기도를 다시 회복하였다. 기도가 그의 분노와 상처, 낙망한 감정을 하나님의 위로하심으로 채우게 하였다. 자존감이 회복되는 순간이다. 다윗은 "여호와여 원하옵건대 아히도벨의 모략을 어리석게 하옵소서(삼하 15:31)라고 부르짖었다.

자존감이 높다고 해서, 믿음이 좋은 신앙인이라 해서 슬픈 감정, 아픔과 상처로 찢긴 감정을 무시한 채 거룩함과 신실함으로 회복되는 것을 가르쳐 주지 않는다. 그 과정 가운데 인간의 상한 감정을 하나님에게 아뢰는 '기도에의 초대'가 있다. 이를 '한풀이의 안내'라고 표현하고 싶다. 하나님은 다윗의 눈물 어린 기도, 상한 감정의 기도를 듣고 치유하셨다. 다윗의 충성스러운 부하 후새를 통해 아히도벨의 모략을 무력화시키셨다.

하나님이 다윗의 편에 서시고, 사사로운 감정으로 배반한 아히도벨을 자살로 멸하신다. 압살롬의 반역에 신발도 신지 못하고 도망가던 다윗, 놀람과 수치심에 땅에 떨어진 그의 자존감, 그 충격을 이렇게 토로한다.

> 여호와여 나의 대적이 어찌 그리 많은지요 일어나 나를 치는 자가 많소이다. 많은 사람이 있어 나를 가리켜 말하기를 저는 하나님께 도움을 얻지 못한다. 하나이다(셀라) 여호와여 주는 나의 방패시요 나의 영광이시요 나의 머리를 드시는 자니이다. 내가 나의 목소리로 여호와께 부르짖으니 그 성산에서 응답하시는도다(셀라). 내가 누워 자고 깨었으니 여호와께서 나를 붙드심이로다. 천만 인이 나를 둘러치려 하여도 나는 두려워 아니하리이다. 여호와여 일어나소서 나의 하나님이여 나를 구원하소서 주께서 나의 모든 원수의 뺨을 치시며 악인의 이를 꺾으셨나이다. 구원은 여호와께 있사오니 주의 복을 주의 백성에게 내리소서(시 3:1-8).

상한 감정을 하나님에게 쏟아 부은 다윗은 그 감정으로부터 자유롭게 된다.

> 주께서 나의 모든 원수의 뺨을 치시며 악인의 이를 꺾으셨나이다(시 3:7).

왜냐하면, 감정을 하나님에게 다 올려 드렸기 때문이다. 기도는 심리적으로 보면 하나님에게 마음을 푸는 행위이다. 기도할 때 우리의 감정, 아픈 심정, 억울함, 두려움, 불안 등을 하나님에게 아뢰는 것은 '자존감 회복'과 '자존감 업그레이드'의 매우 중요한 치료책이다.

에필로그

　지금까지 자존감에 대해 함께 떠나는 여행을 동행하였다. 자존감에 대한 정체를 탐구하며 건강한 자존감, 회복된 자존감, 업그레이드된 자존감, 성경적 자존감 회복을 통해 열등의식, 우울증, 불안장애, 행복한 부부 생활, 기질 및 성격 연구, 상실감 극복, 상처 및 트라우마 극복, 건강한 대인관계, 기타 여러 심리치료 등을 다루었다.
　로마서 12:2 에는 이러한 치유책을 안내한다.

> 너희는 이 세대를 본받지 말고 오직 마음을 새롭게 함으로써 변화를 받아 하나님의 선하시고 온전하신 뜻이 무엇인지 분별하도록 하라(롬 12:2).

　이 세대와 사람의 마음에는 한 형태(Form)가 있다. 이는 세상의 문화와 상처 입은 마음의 질병을 포함한다. 이러한 형태(Form)에 함께(Conform)하지 말고 변화(Transform)하라는 것이다. 상처와 마음의 질병이 있을 때 그것은 한 형태(Form)요 실상인데 그것과 함께하지 말라는 것이다. 즉, 큰 아픔과 상처, 왜곡과 굴곡된 그 마음과 함께하지 말라는 뜻이다.
　마음과 생각을 바꾸어 치료의 길로 바꾸라(Transform)는 것이다. 긍정적으로, 희망적으로, 하나님이 기뻐하시고, 선하시고, 온전하신 뜻을 분별하는 지혜를 가져야 한다. 마음을 새롭게 하는 것이 자존감을 건강하고 행복하게 회복시키는 비결이다.

코로나 펜데믹의 고통이 전세계적으로 3년을 지나고 있는 요즘, 수많은 고통과 비통함이 우리를 힘들게 하고 있다. 자존감 회복은 결국 믿음을 바탕으로 성경과 하나님과의 영적 관계에서 출발함으로 이루어진다는 것을 발견하였을 것이다. 무엇보다도 예수 그리스도의 십자가 사건을 통해 치유의 능력을 경험하고, 모든 마음의 상처를 극복할 수 있는 능력을 제공해 주신다는 것을 말씀을 인용하며 안내하였다.

이러한 성경적 상담을 통한 자존감 회복과 고통스런 마음의 질병에서 해방되는 놀라운 은혜를 선사해 주리라 확신한다.

마음이란 단어는 성경에서 가장 자주 언급되는 단어 중 하나이다(총 876번).

마태복음 7:16의 좋은 나무가 나쁜 열매를 맺을 수 없고 못된 나무가 아름다운 열매를 맺을 수 없다는 말씀처럼 마음의 치유와 훈련, 담금질 속에서 치유와 회복을 경험한다. 자존감 회복은 결국 마음을 어떻게 다스리고, 어느 방향으로 인도하며, 인간의 수많은 문제를 해결 또는 극복할 수 있는 열쇠가 된다는 사실을 알기까지 성장해야 한다.

영성 생활과 성경 말씀을 통해 마음에 치유를 이루고, 건강한 자존감으로 회복되며, '상처 입은 치유자'로 쓰임 받을 수 있나는 것이 우리의 기쁨일 것이다. 아무쪼록 성경적 자존감을 통해 마음의 치유와 회복, 행복한 삶을 사는 모두가 되기를 강렬하게 소망한다.

> 여호와는 나의 빛이요 나의 구원이신 내가 누구를 두려워하리요 여호와는 내 생명의 능력이시니 내가 누구를 무서워하리요(시 27:1).

참고문헌

1. 국내서적

강갑원.『상담이론과 실제』. 서울: 교육과학사, 2004.
강준민.『형통의 원리를 상속하라』. 서울: 두란노, 2004.
강준민.『마음의 정원을 가꾸는 지혜』. 서울: 두란노, 2005.
고미영.『질적 사례 연구』. 서울: 청목출판사, 2009.
권명수.『성경 속의 치유와 상담』. 서울: 시그마프레스, 2010.
권석만.『우울증』. 서울: 학지사, 2000
_____.『현대이상심리학』. 서울: 학지사, 2018.
김기홍.『논문 작성 이렇게 해라』. 서울: 시대의 창, 2014.
김렬.『연구조사 방법론』. 서울: 박영사, 2011.
김석한. 박태규.『성경적 전도신학개론』. 서울: 도서출판 영문, 2003.
김세윤.『복음이란 무엇인가』. 서울: 두란노아카데미, 2010.
_____.『구원이란 무엇인가』. 서울: 두란노서원, 2009.
_____.『구원이란 무엇인가』. 서울: 두란노서원, 2009.
김용태.『기독교 상담의 이해와 원리』. 서울: 학지사, 2018.
류모세.『열린다 비유 돌아온 탕자 이야기』. 서울: 두란노서원, 2014.
박노권.『종교심리학』. 서울: 목원대학교출판부, 2001.
박일민.『신학입문』. 서울: 성광문화사, 2001.
박형용.『바울신학』. 수원: 합동신학대학원출판부, 2005.
선안남.『여자의 하루에 관한 거의 모든 심리학』. 서울: 웅진윙스, 2010.
신성종.『예수님의 비유와 이적』. 서울: 국민일보, 2005.
안석모 외 7명 공저.『목회상담 이론 입문』. 서울: 학지사, 2009.
오성춘.『목회상담학』. 서울: 한국장로교출판사, 1991.
오은형.『못 참는 아이 욱하는 부모』. 서울: 대성 Korea.com, 2016.

옥한흠. 『나의 고통, 누구의 탓인가?』. 서울: 두란노, 1994.
유종문. 『나에게 쓰는 긍정의 힐링노트』. 서울: INB 기획, 2014.
유진소. 『회복』. 서울: 두란노, 2007.
윤홍균. 『자존감 수업』. 서울: 심플라이프, 2011.
이관직. 『성경인물과 심리분석』. 서울: 생명의말씀사, 2016.
_____. 『관계의 걸림돌 극복하기』. 서울: 두란노, 2017.
_____. 『목회상담학』. 서울: 한국목회상담연구소, 1998.
_____. 『성경으로 불안 극복하기』. 서울: 두란노, 2017.
_____. 『분노심리』. 서울: 대서, 2015.
이무석. 『나를 사랑하게 하는 자존감』. 서울: 비전과리더십, 2011.
이병주. 『심리상담과 우울증 및 자존감 치유』. 서울: 솔로몬, 2011.
이인철. 『갱년기와 우울증을 이기는 12가지 감사』. 서울: 쿰란, 2016.
임종천. 『상처받은 자존감의 치유』. 서울: 소망, 2011.
윤홍균. 『자존감 수업』. 서울: 심플라이프, 2017.
전형준. 『성경적 상담설교』. 서울: 기독교문서선교회, 2013.
정동섭. 『자존감 세우기』. 서울: 요단출판사, 2014.
정우현. 『신이 내 마음에 노크할 때』. 서울: 두란노, 2017.
정태기. 『아픔, 상담, 치유』. 서울: 상담과치유, 2006.
_____. 『내면세계의 치유』. 서울: 규장, 2000.
조백현. 『엘리야의 우울증과 기독교상담』. 서울: 영성, 2016.
최영식. 『반드시 치유되는 우울증』. 서울: 쿰란출판사, 2013.
한성열, 한 민, 이누미야 요시유키, 심경섭 공저. 『문화심리학』. 서울: 학지사, 2016.
황원준. 『우울증 치유 완전정복』. 서울: 중앙생활사, 2009

2. 번역서적

Chapman, Gary. *The Five Love Languages*. 정동숙 역. 『5가지 사랑의 언어』. 서울: 생명의말씀사, 2006.

Collins, Gary. *New Christian Counseling*, 한국기독교상담 & 심리치료학회 옮김. 『뉴크리스챤 카운셀링』. 서울: 두란노서원, 2014.

_____. *Paul Tournier's Christian Psychology*. 『폴 투르니에의 기독교 심리학』. 정동섭 역. 서울: IVP, 1998.

_____. *Effective counseling*. 『효과적인 상담』. 정동섭 역. 서울: 두란노, 1997.

Macdonald, Gordon. *Ordering Your Private World*.『내면 세계의 질서와 영적 성장』. 홍화옥 역. 서울: IVP, 2003.

Branden, Nathaniel. *Six Pillars of Self-Esteem*.『자존감의 여섯 기둥』. 김세진 역. 서울: 교양인, 2015.

Anderson, Neil. *Victory over the Darkness: Realizing the Power of You Identity in Christ*.『우울증을 극복하기 위한, 내가 누구인지 이제 알았습니다』. 정석영 역. 서울: 조이선교회, 2004.

Murray, David. *Healing Damaged Emotions*.『기독교인도 우울할 수 있다』. 정수진 역. 서울: 너의 오월, 2012.

Seamands, David. *Healing Damaged Emotions*.『상한 감정의 치유』. 송헌복 역. 서울: 두란노, 2006.

Crab, Lawrence. *Understanding People*.『인간 이해와 상담』. 윤종석 역. 서울: 두란노, 1998.

_____ . *The Marriage Builder*.『결혼 건축가』. 윤종석. 서울: 두란노, 1982.

Jones, Lloyd D. M. *The Plight of Man dna the Power of God*.『인간의 곤경과 하나님의 능력』. 서문강 역. 서울: 엠마오, 1987.

_____ . *The Life of Joy*.『기쁨의 삶』. 정상윤 역. 서울: 복있는사람, 2011.

Warren, Rick. *The Road to Recovery*.『회복으로 가는 길』. 김주성 역. 서울: 국제제자훈련원, 2006.

Monroe, Myles. *Understanding The Purpose and*.『하나님을 움직이는 기도』. 채대광 역. 서울: 좋은씨앗, 2006.

Miller, Melissa. *Family Violence*.『가정폭력 어떻게 할 것인가?』. 채슬기 역, 서울: 하늘사다리, 1977.

Hart, Archibald. *Dark Clouds Silver Linings*.『우울증 이렇게 치유할 수 있다』. 정동섭 역. 서울: 요단, 2013.

Welch, Edward T. *Depression: A Stubborn Darkness*.『우울증』. 지영옥, 김은덕 공역. 서울: 서울: 그리심, 2015.

Peterson, Eugene. *Leap Over a Wall*.『현실에 뿌리 박은 영성』. 이종태 역. 서울: IVP, 1997.

_____ . *Resurrection*.『부활』. 권연경 역, 서울: 청람출판, 2007.

Maxwell, john. *The 15 Invaluable Laws of Growth*.『사람은 무엇으로 성장하는가』. 김고명 역. 서울: 비즈니스북스, 2012.

Pattern, John. *Pastoral care in context: an introduction to pastoral care*.『목회적 돌봄과 상황』. 장성식 역. 서울: 은성, 2000.

Persons, Jacqueline B. *The Case Formulation Approach to Cognitive-Behavior Therapy*.『인지행동치료의 사례 공식화 접근』. 서울: 학지사, 2015.

Conway, Jim. *Men in Midlife Crisis*.『중년의 위기』. 윤종석 역. 서울: 디모데, 2005.
Torrent, John & Smalley, Gary. *The Blessing*.『축복의 언어』. 서울: 프리셉트, 2004
Stanley, Charles. *Forgiveness*.『용서』. 민혜경 역. 서울: 두란노, 1991.
Rogers, Carl. *Counseling theory and practice*.『카운셀링 이론과 실제』. 한승호, 한성열 역. 서울: 학지사, 2011.
Pateck, Kerry. *Father is a family pastor*.『아버지는 가정 목회자』. 서울: 미션월드라이브러리, 2003.
Kilmartin, Cristopher & Lynch, John. *Overcoming masculing depression*.『우울증에 걸린 남성 구하기』. 정석환 역. 서울: 이레서원, 2008.
Theroux, Paul. *Ttraveler's book*.『여행자의 책』. 이용현 역. 서울: 책읽는수요일, 2015.
Tournier, Paul. *Loneliness*.『고독』. 윤경남 역. 서울: IVP, 1999.
Yancy, Philip. *What's So Amazing about Grace*.『놀라운 하나님의 은혜』. 윤종석 역. 서울: IVP, 1999.
Nouwen, Henry. *Intimacy*.『친밀함』. 윤종석 역. 서울: 두란노, 2001.
_____. *Spiritual Formation*.『두려움에서 사랑으로』. 서울: 두란노, 2011.
_____. *The wounded Healer*.『상처 입은 치유자』. 최원준 역. 서울: 두란노, 2011.
Sledge, Tim. *Making Peace With Your Past*.『가족치유와 마음치유』. 노용찬 역. 서울: 요단, 2011.
Seidman, Irving. *Interviewing as Qualitative Research*.『질적연구 방법으로서의 면담』. 박혜준, 이승연 역. 서울: 학지사, 2015.
Weston, Anthony. *A Rulebook for Arguments*.『논증의 기술』. 이보경 역. 서울: 필맥, 2014.

3. 외국서적

Beck, A.T, *Cognitive Therapy of Depression*, New York: The Guilford Press, 1979.
Craig L. Blomberg, *The Historical Reliability of John's Gospel*, Illinoise: InterVarity Press, 2001.
D.A. Carson *The Gospel According to John*, Michigan:Eerdmans, 1991.
Eimbardo, P.G. & Weber, *Psycology*, New York: Longman, 1997.
Gary Collins, *Christian Counseling*, Dallas: Word Publishing, 1988.
Green, Michael. *Evangelism in the Early Church*. Grand Rapids, MI: Eerdmans, 1970.
Leon Morris, *The Gospel According to John*, Michigan: Eerdmans Publishing, 1995.
Monk, Gerald, *Narrative Therapy in Practice*, San Francisco: Jossy-Bass Publishers, 1996.
Silbano, Arietti and Jules B'emporad, *Severe and Mild Depression*, New York: Basic Books, 1978.
Steven Buser & Leonard Cruz, *DSM-5 Insanely Simplified*, Asheville: Chiron Publications, 2014.
Steve Gaines, *Morning Manna*, Alabama: Hope For Your Future, Inc, 2003.

Silbano, Arietti and Jules B'emporad, 「*Severe and Mild Depression*」, New York: Basic Books, 1978.

Steven Buser & Leonard Cruz, 「*DSM-5 Insanely Simplified*」, Asheville: Chiron Publications, 2014.

Steve Gaines, *Morning Manna*, Alabama: Hope For Your Future, Inc, 2003.

Turabian, Kate L. *A Manual for Writers of Term Paper, Theses and Dissertations*. Revised by Wayne C.Booth, Gregory G. Colomb, and Joseph M. Williams, 7th ed. Chicago, IL: University of Chicago Press, 2007.

4. 논문

김영훈. "낮은 자존감에 대한 기독교 상담적 치유 방안에 대한 연구". 석사학위 논문. 목원대학교 신학대학원. 2006.

김수경. "역기능 가정의 성인아이 치유를 위한 기독교 상담 방안". 박사학위 논문. 성결대학교 신학전문대학원. 2016.

김은영. 이유니, "우울증의 행동 활성화 치료에 대한 기독 상담적 적용". 햇불트리니티 저널 제17권, 제1호, 2014.

박병원. "우울증 치료를 위한 목회 상담적 접근". 「성경과 상담」 4권 0호, 94-111, 2004.

소진석. "성경적 사고 체제 내면화를 통한 전인적 신앙 성숙에 관한 연구: 생명의 언어교육을 중심으로". Doctor of Ed. Min 논문. 2016.

이병주. "우울증과 자존감의 상관관계분석을 통한 우울증 치유 연구". 총신대 Th. D 논문, 2008.

장원철. "성화와 성령의 열매의 목회상담학적 의미", 한국성경적상담협회, 성경과 상담 4권 0호, 2004.

정태기. "중년 남성의 우울증을 진단한다", 제25호, 1999.

차준구. "교회 안의 우울증", 「상담과 선교」, 제25호, 1999.

허 락. "우울증의 목회 상담과 자존감 회복을 통한 치유와 교회 활성화 방안에 관한 연구". 목회학박사학위 논문. 장로회신학대학교 목회전문 대학교학원. 2011.

하성존. "제이 E. 아담스와 로렌스 J. 크랩의 상담 이론에 대한 비교 연구". 석사논문. 서울성경신학대학원대학교. 2005.

한재희. "우울증 극복을 위한 상담심리학적 접근". 크리스천라이프센터 주최 우울증 세미나(교회와 신앙), 2007.11.8.